需求可拆分的最短路运输取送路径问题研究

熊坚 著

西南交通大学出版社
·成都·

图书在版编目（CIP）数据

需求可拆分的最短路运输取送路径问题研究 / 熊坚著. —成都：西南交通大学出版社，2022.6
ISBN 978-7-5643-8550-7

Ⅰ. ①需… Ⅱ. ①熊… Ⅲ. ①物流 – 车辆调度 – 研究 Ⅳ. ①F252.1

中国版本图书馆 CIP 数据核字（2021）第 276268 号

Xuqiu Kechaifen de Zuiduanlu Yunshu Qusong Lujing Wenti Yanjiu

| 需求可拆分的最短路运输取送路径问题研究 | 熊 坚 著 | 责任编辑 张宝华 封面设计 GT 工作室 |

印张　　12　　字数　　173 千	出版发行　西南交通大学出版社
成品尺寸　170 mm×230 mm	网址　　http://www.xnjdcbs.com
版次　　2022 年 6 月第 1 版	地址　　四川省成都市二环路北一段 111 号 　　　　西南交通大学创新大厦 21 楼
印次　　2022 年 6 月第 1 次	邮政编码　610031
印刷　　成都勤德印务有限公司	发行部电话　028-87600564　028-87600533
书号　　ISBN 978-7-5643-8550-7	定价　　58.00 元

图书如有印装质量问题　本社负责退换
版权所有　盗版必究　举报电话：028-87600562

前　言

作为取送路径问题（Pickup and Delivery Problem，PDP）的一种，需求可拆分的 PDP 在实践中广泛存在。通过对需求的拆分可以带来更多的运输成本节省，近年来对其研究逐渐增加。若将该问题应用于旅客运输领域，有时还需考虑需求按最短路运输的要求，该问题称为需求可拆分的最短路运输 PDP，可描述为：在一个实际连通图上，存在一系列可拆分且需经最短路运输的需求，运送需求的车辆需经连通图上从第一个取点到最后一个送点的路径（节点不重复的路线）运行。此外，还存在客户时间窗和车辆装载能力等约束。该问题的优化目标为通过合理安排车辆行驶路径和运载方案使得总运输成本最小化或总收益最大化。本书基于实际应用背景，依次对需求可拆分的最短路运输 PDP、带时间窗的最短路运输 PDP 和需求可拆分且带时间窗的最短路运输 PDP 进行了研究。

全书分为七章，其中第 3 章至第 6 章是本书的核心章节；第 3，4，5 章分析、求解了三种类型的取送路径问题；第 6 章是对第 5 章相关理论进行的验证，探究该理论在运输优化组织领域应用的可行性，进而分析其应用前景。

本书的内容是在本人博士学位论文的基础上拓展完成的。本人毕业于中南大学交通运输工程学专业，研究方向为车辆路径问题、交通运输系统优化、铁路运输组织优化。本书的研究源自本人博士导师符卓教授的国家自然科学基金项目和华东交通大学博士科研启动金项目。在研究过程中，进一步拓展了不同类型的车辆路径问题，旨在进一步丰富车辆路径问题理论研究体系，对高速铁路列车开行方案优化编制等路网型交通运输组织类问题提供了一个新的参考思路。

本书的完成及出版需要感谢的人很多。首先，非常感谢导师在本人研究之路上的指引，没有导师为我在车辆路径问题方面打下的研究基础，就没有本书的成果。同时，十分感谢中南大学交通运输工程学院相关专家的宝贵意见。其次，特别感谢我的先生对我多年来的支持和帮助，真心感谢父母给予我的关心和支持，感谢孩子们带给我的欣喜和欢乐。感谢江西省高校人文社会科学研究项目（JC19207）的资助。感谢相关参考文献的作者打下的研究基础，感谢西南交大出版社编辑们的帮助和支持。

本书的研究成果可为求解路网型高速铁路列车开行方案等系统性工程问题提供理论基础。将上述理论成果融入实际应用还有很长的路要走，未来任重而道远，本人将继续负重前行，期待为相关理论和应用的研究贡献自己的一份力量。

由于水平有限，本书不足之处在所难免，恳请读者批评指正。

熊 坚

2021 年 10 月

符号说明

符号	意义	备注
q_i	需求 i 的需求量，其中 $i \in P, P=\{1,2,3,\cdots,p\}$	常量
π_i	需求 i 的收入，其中 $i \in P$	常量
Q^k	车辆 k 的装载能力，其中 $k \in K$	常量
vc^k	车辆 k 的固定使用成本，其中 $k \in K$	常量
tc^k	车辆 k 的单位里程使用成本，其中 $k \in K$	常量
le_e	边 e 的长度，其中 $e \in E$	常量
$ld_{i,e}$	需求 i 是否途经边 e 的判断参数，其中 $i \in P, e \in E$	常量
$lc_{i,j}$	需求 j 连接到车辆/需求 i 所形成的连接路段长度，其中 $i,j \in P$ 表示需求集合，$i = p+1$ 表示车辆集合	常量
$ct_{i,j}$	需求 j 能否连接到车辆/需求 i 的判断参数，其中 $i,j \in P$ 表示需求集合，$i = p+1$ 表示车辆集合	常量
$ca_{i,j}$	需求 j 能否连接后于车辆/需求 i 的判断参数，其中 $i,j \in P$ 表示需求集合，$i = p+1$ 表示车辆集合	常量
sc_n^k	车辆 k 在节点 n 的停站成本，其中 $k \in K, n \in V$	常量
$sod_{i,n}$	节点 n 是否为需求 i 的取或送点的判断参数，其中 $i \in P, n \in V$	常量
$[a_i, b_i]$	需求 i 在取点接受服务的时间窗，其中 $i \in P$	常量
$[a_{i+p}, b_{i+p}]$	需求 i 在送点接受服务的时间窗，其中 $i \in P$	常量
s_i	需求 i 在取或送点接受服务所需时间，其中 $i \in P$	常量
$ord_{r,s}$	两个需求组成的路段中的点 r 和 s 的前后关系，其中 $r,s \in P_1 \cup P_2$	常量
$t_{r,s}^k$	车辆 k 从点 r 到点 s 的运行时间，其中 $k \in K$，$r,s \in P_1 \cup P_2$	常量
tvo_i^k	车辆 k 从所在位置到取点 i 的运行时间，其中 $k \in K$，$i \in P_1$	常量
$h_{r,s}^k$	点 r 和 s 间开始服务的最小允许时间差值，模型线性化时使用，$r,s \in P_1 \cup P_2$	常量
TC_e	区间 e 的通过能力，其中 $e \in E$	常量
RDC_n	车站 n 的接发车能力，其中 $n \in V$	常量
$x_{i,j}^k$	在车辆 k 上需求 j 连接到需求 i 的决策，其中 $k \in K$，$i,j \in P$ 表示需求集合，$i = p+1$ 表示车辆集合	0-1 变量

符号	意 义	备注
y_e^k	车辆 k 是否负载通过边 e，其中 $k \in K, e \in E$	0-1变量
u_i^k	需求 i 被车辆 k 取的次序号，当 $x_{i,j}^k = 1$ 时，$u_i^k < u_j^k$，其中 $k \in K, i \in P$	正整数变量
qs_i^k	需求 i 经车辆 k 运输的数量，其中 $k \in K, i \in P$	非负变量
sn_n^k	车辆 k 是否在点 n 停留，其中 $k \in K, n \in V$	0-1变量
T_r^k	车辆 k 在点 r 开始作业时间，其中 $k \in K, r \in P_1 \cup P_2$	非负变量
g_i^k	需求 i 是否被车辆 k 运输的判断。0：是，1：否；模型线性化时使用	0-1变量
$v_{i,j}^k$	需求 i 和 j 是否同时被车辆 k 运输的判断。0：是，1：否；模型线性化时使用	0-1变量
$z_{r,s}^k$	点 r 和 s 间实际开始服务的最小允许时间差值；模型线性化时使用	非负变量

缩略词说明

符号	意 义
TSP	Traveling Salesman Problem，旅行商问题
TSPB	Traveling Salesman Problem with Backhauls，带回程运输的旅行商问题
TSPPD	Pickup and Delivery Traveling Salesman Problem，带取送作业的旅行商问题
SDTSPPD	Split Delivery TSPPD，需求可拆分的 TSPPD
VRP	Vehicle Routing Problem，车辆路径问题
VRPB	VRP with Backhauls，带回程运输的 VRP
VRPPD	VRP with Pickup and Delivery，带取送作业的 VRP
SDVRP	Split Delivery VRP，需求可拆分的 VRP
PDP	Pickup and Delivery Problem，取送路径问题
PDPSL	PDP with Split Loads，需求可拆分的 PDP
PDPTW	PDP with Time Windows，带时间窗的 PDP
PDPST	PDP with Shortest-path Transport，需求按最短路运输的 PDP
PDPSTSL	PDPST with Split Loads，需求可拆分的 PDPST
PDPSTTW	PDPST with Time Windows，带时间窗的 PDPST
PDPSTTWSL	PDPSTTW with Split Loads，需求可拆分的 PDPSTTW
VND	Variable Neighborhood Descent，可变邻域下降算法
MS_VND	Multi-Start VND，多起点 VND（MS_VND I:引用参考文献;MS_VND II:本书根据 MS_VND I 改进）
MS_ANS	Multi-Start Adaptive Neighborhood Search，多起点自适应邻域搜索算法
RFCR	Route Feasible Checking Rules，路径可行判断规则
Approach I	PDPSTSL 的求解方法一，过程拆分+ MS_VND II（改进的 MS_VND I）
Approach II	PDPSTSL 的求解方法二，预拆分方法 I（本书新方法）+MS_VND I
Approach III	PDPSTSL 的求解方法三，预拆分方法 II（20/10/5/1/x）+MS_VND I

符号	意 义
Approach Ⅳ	PDPSTSL 的求解方法四，预拆分方法Ⅲ（25/10/5/1/x）+MS_VND Ⅰ
Approach Ⅴ	PDPSTTWSL 的求解方法一，过程拆分+邻域改进的 MS_ANS+RFCR
Approach Ⅵ	PDPSTTWSL 的求解方法二，预拆分方法Ⅰ+MS_ANS+RFCR
Approach Ⅶ	案例的求解方法一，评价函数改造+过程拆分+邻域改进的 MS_ANS+RFCR（评价函数改造+Approach Ⅴ）
Approach Ⅷ	案例的求解方法二，评价函数改造+预拆分方法Ⅰ+MS_ANS+RFCR（评价函数改造+Approach Ⅳ）
Approach Ⅸ	案例的求解方法三，评价函数改造+预拆分方法Ⅱ+MS_ANS+RFCR
Approach Ⅹ	案例的求解方法四，评价函数改造+预拆分方法Ⅲ+MS_ANS+RFCR

目录

CONTENTS

第1章　绪　论　001

1.1　选题背景与意义　002

1.2　研究内容和研究思路　004

　　1.2.1　研究内容　004

　　1.2.2　研究思路　005

1.3　主要创新点　005

第2章　需求可拆分的 PDP 的相关研究现状　008

2.1　需求可拆分的车辆路径问题　009

　　2.1.1　SDVRP 的描述　009

　　2.1.2　SDVRP 的特征　010

　　2.1.3　SDVRP 常用求解算法　011

2.2　取送路径问题　016

2.3　需求可拆分的 PDP　018

　　2.3.1　需求可拆分的 PDP 的描述　018

　　2.3.2　需求可拆分的 PDP 的常用算法　019

2.4　带时间窗的 PDP　021

2.5　需求按最短路运输的 PDP　023

　　2.5.1　需求按最短路运输的 PDP 的描述　023

　　2.5.2　需求按最短路运输的 PDP 的路径结构和模型　027

2.6　小　结　032

第3章　需求可拆分的 PDPST 研究　033

3.1　问题描述及建模　034

3.1.1 问题背景及描述 034
3.1.2 数学模型 035
3.1.3 需求可拆分的 PDPST 可行解示例 038
3.2 求解方法 040
3.2.1 拆分策略Ⅰ：过程拆分 041
3.2.2 拆分策略Ⅱ：预拆分 049
3.2.3 预计求解时间和求解质量分析 056
3.3 算例设计及测试分析 058
3.3.1 算例设计和核心算法参数设置 058
3.3.2 测试结果及分析 059
3.4 小　结 066

第 4 章　带时间窗的 PDPST 研究　067

4.1 问题描述及建模 068
4.1.1 问题背景及描述 068
4.1.2 数学模型及其线性化 070
4.1.3 带时间窗的 PDPST 可行解示例 074
4.2 带时间窗的 PDPST 路径可行判断规则 076
4.2.1 路径结构可行判断规则 077
4.2.2 时间窗可行判断规则 078
4.2.3 装载力可行判断规则 080
4.2.4 路径可行判断规则 082
4.3 求解算法 084
4.3.1 邻域变换 084
4.3.2 初始解生成 088
4.3.3 算法设计 088
4.4 算例设计及测试分析 092
4.4.1 算例设计和算法参数设置 092
4.4.2 测试结果及分析 094

        4.4.3　路径可行判断规则效果分析　098
　　4.5　小　结　100

第5章　需求可拆分且带时间窗的 PDPST 研究　102
　　5.1　问题描述及建模　103
        5.1.1　问题背景及描述　103
        5.1.2　数学模型及其线性化　104
　　5.2　求解方法及其求解时间和求解质量分析　109
        5.2.1　求解方法　109
        5.2.2　预计求解时间和求解质量分析　110
　　5.3　算例测试及分析　110
        5.3.1　核心算法参数设置　111
        5.3.2　测试结果及分析　112
　　5.4　小　结　118

第6章　需求可拆分且带时间窗的 PDPST 案例研究　119
　　6.1　高速铁路旅客列车开行方案优化编制案例背景　120
        6.1.1　案例相关概念　120
        6.1.2　案例研究现状　122
　　6.2　案例建模与求解　123
        6.2.1　案例研究边界与描述　123
        6.2.2　案例设计　126
        6.2.3　数学模型　128
        6.2.4　案例求解及分析　132
　　6.3　应用前景分析　139
　　6.4　小　结　141

第7章　结论与展望　143
　　7.1　主要研究工作及贡献　144
　　7.2　研究展望　147

参考文献 149

附录 A 需求/车辆和需求连接关系相关参数的取值 166

附录 B 算例数据 170

附录 C MS_VND Ⅱ 算法中参数 $opt(k)$ 和 $pc(k)$ 的设置 172

附录 D 路径可行判断规则相关定理和推论的证明 175

附录 E 案例数据 179

第 1 章

绪　论

1.1　选题背景与意义

车辆路径问题（Vehicle Routing Problem，VRP），也称为车辆调度问题（Vehicle Scheduling Problem，VSP），是运输组织中的核心问题之一。该问题的目标是通过合理规划车辆路径方案，在满足客户要求的前提下，以尽量低的运输成本将需求送达目的地。车辆路径优化理论研究是发展智能交通运输、建立现代交通运输调度指挥系统的基础之一。Dantzig 和 Ramser[1]于 1959 年首次提出 VRP，该问题涉及的学科较多，应用前景广阔，很多实际应用都可提炼为该类问题。近年来，VRP 一直是运筹学领域的研究热点，所取得的很多有意义的研究成果被广泛应用于生产、生活当中，并由此衍生出了各种类型的子问题。

带取送作业的 VRP（VRP with Pickup and Delivery，VRPPD），一般也称为取送路径问题（Pickup and Delivery Problem，PDP），是 VRP 的一个重要分枝，它将客户仅有送或取的原问题扩展为兼有送和取的问题。在该问题中，车辆行驶过程中不仅要完成对客户需求的送达任务，而且也要完成将客户需求取回的任务，或者要完成将需求从某个取点运送至相应送点的任务。

有一类 PDP 要考虑在客户取点和送点之间的运送需求，包括取送点未配对（若干取点可供应若干送点）的 PDP 和取送点配对（一个取点对应一个送点）的 PDP[2]。本书的研究对象属于后者。其中，电话打车问题（Dial-A-Ride Problem，DARP）就是一种运送对象为乘客的上车点和下车点配对的 PDP，它需要更多地考虑乘客的便捷性等需求，包括更快地到达目的地和具有特定的上下车时间等要求。

在传统的 PDP 中构建车辆取送作业路径时要求在送点前先访问取点，但并不要求通过最短路运输。为更快地到达目的地，按最短路运输是乘客出行的一个重要要求，因为绕道行驶会给乘客带来延误和不便，但在以往的研究中，这一要求并没有得到充分满足。随着出行方式的多样化，在制定运输方案时，更好地满足乘客需求对提高运输企业的竞争力越来越重要。因此，考虑按最短路运输客户需求的 PDP 值得深入研究。

现实生活中存在以下现象：路网上有若干车辆和待取送的需求点对，每辆车从给定的位置开始，根据乘客/托运人的要求沿着取送点间的最短路径运输每个对象，在所运输需求的最后一个交付点结束行程，并且同一辆车不能多次访问（包括停站或途经）任一站点。同时，还需要考虑一些约束条件，如车辆的装载能力限制、车辆的行驶距离限制及车辆的停站次数限制等。下面以旅客列车的运行为例。列车在实际路网上运行，在其开行的区段内不一定按照该列车始发、终到站间最短的运行线路走行，但一般情况下沿途旅客会选择自身出行起止站间顺路的列车，即沿着自身起止站点间最短线运行的列车。如将列车看作完成取送各站点之间旅客的车辆，则编制旅客列车开行方案时确定列车开行区段、径路、种类和数量等过程的本质就是求解一种需求按最短路运输的 PDP（PDP with Shortest-path Transport，PDPST），包括确定车辆搭载客户情况、行驶路线、车辆型号和数量等。

另外，由于每辆车要求沿着实际路网行驶并保证客户不绕路到达目的地，对 PDPST 的研究应基于实际连通路网进行，因为完全图中的路线方案较难展示以上要求，所以不应将路网抽象成完全图。对基于实际连通图的 PDPST 的研究将有利于提高铁路旅客运输、网约车拼车调度等一些运输问题的组织方案水平。因该类问题路径结构的复杂性，对该应用背景的 PDP 的研究较少。经文献检索，仅有 Qi 等人（2019[3]和2020[4]）对一种 PDPST 进行了初步研究。

在旅客运输中，各站点的旅客出行需求本身具有可拆分性（可按旅客为单位进行拆分），已有不少研究证明了需求拆分运输有利于成本的降低[5-9]。因此，在研究以旅客运输为应用背景的 PDPST 时，同样有必要考虑需求可拆分这一约束条件。另外，运输组织方案的制定还需考虑旅客的出行偏好和规律，如时间窗等。以上这些问题有待以现有的旅客运输相关理论、方法和实际操作经验为基础展开深入研究。

因此，本书对需求可拆分的 PDPST 相应理论和求解方法的研究，可促进车辆路径问题研究的发展，同时将其应用到交通运输组织活动中，能丰富现有的运输组织优化理论和方法体系，有利于满足新时代对交通运输组织的新要求，对改进运输组织水平、提高运输效益、提升乘客出行品质体验水平等具有非常重要的现实意义。

1.2 研究内容和研究思路

1.2.1 研究内容

第1章，分析了需求可拆分且按最短路运输的PDP相关问题的研究背景、目的和意义，并提出本书研究的结构和思路。

第2章，对需求可拆分的VRP（Split Delivery VRP，SDVRP）和需求可拆分的PDP（PDP with Split Loads，PDPSL）等相关研究成果进行了综述。首先，对SDVRP的特征和常见求解算法进行归纳分析；其次，对PDP的研究进行分类综述，进而对其子问题，即需求可拆分的PDP和带时间窗的PDP（PDP with Time Windows，PDPTW）的研究现状进行分析总结。最后，对PDPST的路径结构和模型等基础理论进行阐述，以作为后续章节的研究基础。

第3章，首先结合一些运输组织领域中需求可拆分且需按最短路运输的应用背景提出一种需求可拆分的PDPST（PDPSTSL）的模型，继而研究求解该问题的两种需求拆分策略；其次，在此基础上设计了基于七种邻域变换方法和两种多起点可变邻域下降算法（Multi-Start Variable Neighborhood Descent，MS_VND）的四种求解方法，并与Gurobi进行求解效率对比。相关理论、方法拟作为后续章节理论和案例研究的基础。

第4章，结合实际运输问题中需求具有出行时间窗要求的背景，针对一种带时间窗的PDPST（PDPST with Time Windows，PDPSTTW）进行了研究。首先，构建该问题的模型，进而从路径结构、时间窗和装载力等角度研究其路径可行判断规则（Route Feasible Checking Rules，RFCR），以提高邻域变换的成功率；其次，设计一种新的结合RFCR的多起点自适应邻域搜索算法（Multi-Start Adaptive Neighborhood Search+RFCR，MS_ANS+RFCR）用于求解该问题，并与Gurobi的求解结果进行比较。相关研究成果拟作为后续章节中需求可拆分的 PDPSTTW（PDPSTTW with Split Loads，PDPSTTWSL）的理论和案例研究基础。

第 5 章，结合运输组织问题中存在的需求可拆分的特征和乘客出行时间窗的要求，提出了一种需求可拆分的 PDPSTTW（PDPSTTWSL），并基于前述 PDPSTSL 和 PDPSTTW 的相关理论，对 PDPSTTWSL 的模型、求解方法和解质量等进行了研究，以作为后续案例研究的理论基础。

第 6 章，结合高速铁路旅客列车开行方案优化编制了虚拟案例，并对前述所研究的 PDPSTTWSL 相关理论进行了验证，探究了该理论在相关领域应用的可行性，进而分析其应用前景。

第 7 章，总结了本书的主要研究工作成果，并对 PDPSTSL、PDPSTTW 和 PDPSTTWSL 相关问题的未来研究方向进行了展望。

1.2.2　研究思路

本书首先根据实际应用背景对需求可拆分的 PDPST、带时间窗的 PDPST 进行了建模和求解算法的研究，着重研究需求可拆分的 PDPST 求解过程中的需求拆分策略和带时间窗的 PDPST 求解过程中的路径可行判断规则，以提高相应算法的求解效率；其次，结合两者对需求可拆分且带时间窗的 PDPST 进行了研究；最后，通过案例探究了以上基础理论的应用前景。全书的研究思路如图 1-1 所示。

1.3　主要创新点

（1）需求可拆分的最短路运输取送路径问题（PDPSTSL）研究。

基于需求/车辆和需求间连接关系建立了 PDPSTSL 模型，提出了两类需求拆分策略及其对应的四种求解方法，并设计了基于七种邻域变换方法的多起点可变邻域下降算法（MS_VND）作为求解方法的核心算法。

（2）带时间窗的最短路运输取送路径问题（PDPSTTW）研究。

结合时间窗要求建立了 PDPSTTW 模型，设计了六种邻域变换方法，

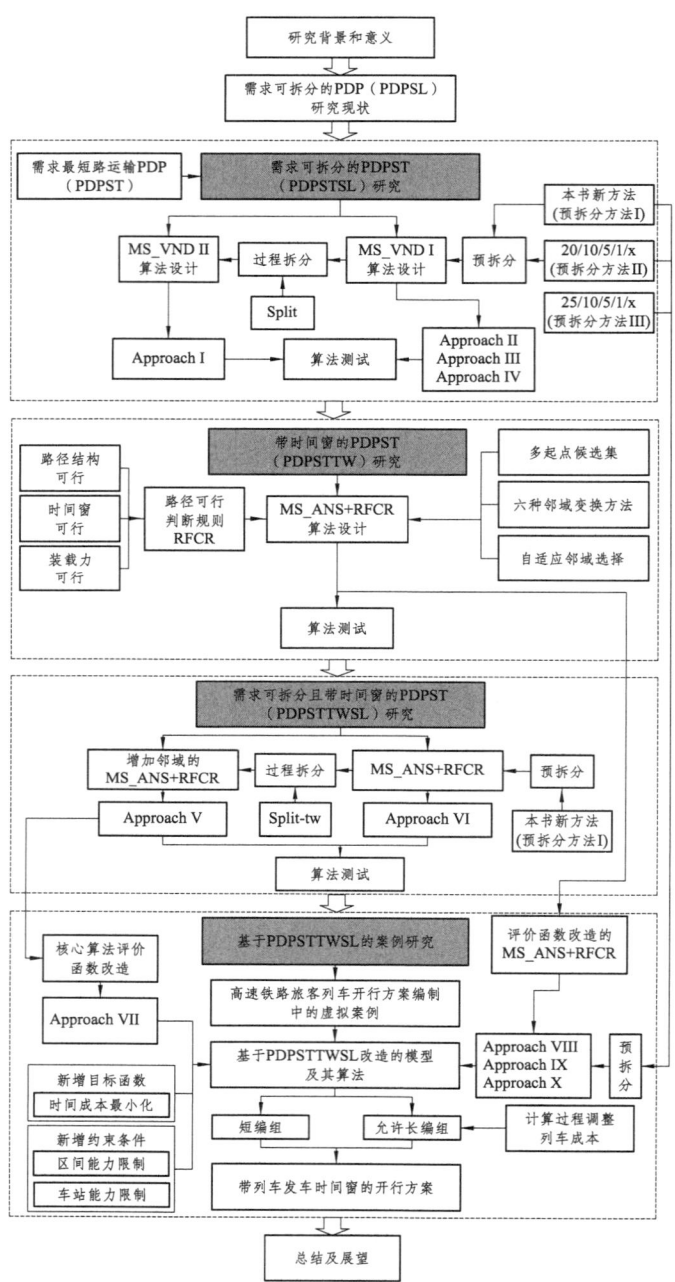

图 1-1 研究思路

研究了路径可行判断规则（RFCR）以提高邻域变换成功率，进而结合RFCR 设计了多起点自适应邻域搜索算法（MS_ANS+RFCR）用于算例求解。

（3）需求可拆分的 PDPSTTW（PDPSTTWSL）研究。

结合需求可拆分的特征和带时间窗的要求建立了 PDPSTTWSL 模型，基于两类需求拆分策略设计了两种求解方法，并采用改进的MS_ANS+RFCR 作为求解方法的核心算法。

（4）基于 PDPSTTWSL 理论的案例研究。

根据路网型高速铁路旅客列车开行方案优化编制虚拟案例中的要求，对 PDPSTTWSL 的模型和求解方法进行了改造，并求解得出较为满意的带时间窗的开行方案，验证了 PDPSTTWSL 理论和方法在旅客列车开行方案优化编制中的适用性。

第 2 章

需求可拆分的 PDP 的相关研究现状

本章首先对需求可拆分的车辆路径问题的特征和常见算法进行归纳分析，其次，对取送路径问题（PDP）的研究进行分类综述，进而对其子问题，即需求可拆分的 PDP 和带时间窗的 PDP 的特征和求解算法进行分析总结。最后，对需求按最短路运输的 PDP 进行描述，阐述其路径结构和模型等特征，以作为后续章节的研究基础。

2.1 需求可拆分的车辆路径问题

在需求可拆分车辆路径问题（SDVRP）中，具有一定装载能力的车辆从车场出发，并且最终回到车场，允许对客户需求进行拆分，即每个客户可由多辆车提供服务。SDVRP 的目标为通过合理安排车辆行驶路线，使总运输成本最小化（如最小化车辆使用数、最小化车辆行驶总里程等）。与传统的 VRP 相比，在 SDVRP 中不再要求每个客户只能由一辆车提供服务。

SDVRP 由 Dror 和 Trudeau 于 1989[5]、1990[6]年正式提出。近年来，该问题获得了越来越多的关注，已有相关文献提出并证明了该问题的特征和复杂度，发现通过拆分配送有机会获得运输成本的更大节省，并相继提出不同的启发式算法和精确算法用于求解该问题。Archetti 和 Speranza（2012）[7]针对需求可拆分的车辆路径问题的来源、特征及相关算法进行了较全面的综述。刘新宇等（2017）[8]对近几年 SDVRP 的相关研究文献从求解算法及衍生问题类型等方面做了较全面的归纳和总结。石建力（2018）[9]对一些随机性的 SDVRP 的相关模型和算法进行了较深入的研究。总体来说，SDVRP 是一个非常具有挑战性的问题，目前能得到最优化解的算例规模较小。

2.1.1 SDVRP 的描述

在 SDVRP 所描述的混合整数线性规划模型[10]中，给定无向图 $G = (V, E)$，其中 $V = \{0, 1, \cdots, n\}$，0 表示车场，其他自然数表示客户点，E 表示边的集合。c_{ij} 表示各条边的长度（或行驶费用等），其值非负且满足三角形定律。需求 d_i 对应客户点 $i \in V - \{0\}$。每辆车的装载能力为 Q

（$Q>0$）。所需要的最小车辆数是总需求量与平均每辆车装载量之比[11]。每辆车的起止点均为车场，客户的需求要求应完全满足。该问题以车辆行驶总里程（或行驶总费用等）最小化为目标。

2.1.2 SDVRP 的特征

1. 计算复杂度

Archetti 等（2005）[12]指出，当车辆装载能力 $Q>2$ 时，SDVRP 是一个 NP-难问题。仅在线状、星状、树状、圈状等特殊图形中，SDVRP 才可以在多项式时间内求得满意解，计算复杂度不比 VRP 大。

2. 可简化性

SDVRP 具有可简化的特征。若客户点的需求大于车辆装载能力，该客户点由从车场到该点的车辆提供直达运输服务，如此循环，直到剩下的需求小于车辆装载能力。

3. k-拆分圈

假设客户集合 $C=\{i_1,i_2,\cdots,i_k\}$ 中存在 k 条路径 $r_1,\cdots,r_k$，$k\geq 2$，若路径 r_w 上包括了客户点 i_w，i_{w+1}，$w=1,\cdots,k-1$，路径 r_k 上包括了点 i_1 和 i_k，则该解的结构为 k-拆分圈。如果距离矩阵满足三角不等式的要求，那么 SDVRP 最优解中通常不会有 k-拆分圈。

4. 需求拆分的数量

根据 k-拆分圈的特征，Archetti 等（2006）[13]提出，在 SDVRP 的优化解中，被拆分服务的客户数通常要少于路径数，不同路径最多只有一个相同的客户。

5. 可节省值

Archetti 等（2006）[13]的研究指出，若有车辆数限制，SDVRP 的最优解只需 VRP 中使用车辆数的一半。Archetti 等（2008）[14]通过实例研究发现，允许拆分带来节省值大小的主要影响因素是客户需求量与车辆装载能力的比值，而不是客户的位置。当客户平均需求稍大于车辆装载能力的一半且客户需求量差异较小时，SDVRP可获得最大的节省。

2.1.3　SDVRP 常用求解算法

由于 SDVRP 优化方案的组合数较大，各学者一般都是根据具体问题的特点采用不同的策略设计混合式的启发式算法并进行求解，或者基于遗传算法、禁忌搜索算法等思路对求解算法进行改进设计。Chen 等（2017）[15]提出一种预拆分的思路，即将 SDVRP 转化为普通的 VRP，继而采用启发式算法进行求解，获得了较好的效果。求解 SDVRP 的相关算法可归纳分析如下。

1. 启发式算法

（1）局域搜索算法。

局域搜索算法是较早被用于求解 SDVRP 的算法之一。Dror 和 Trudeau[5]于 1989 年首次提出了 SDVRP 的局域搜索启发式算法[3]，该算法采用了两种邻域策略。其中，第一种邻域策略为"k-拆分交换"，即将某客户拆分并插入到有剩余装载能力的路径上；第二种邻域策略为"增加路径"，即将某客户从所有路径中移除，并创建一个只访问该客户的新路径。以上策略仅考虑了所有客户的需求都小于车辆装载能力的情况，之后的许多研究也基于这个假设进行。为了便于评估拆分效果，Dror 和 Trudeau 基于 VRP 的标准算例改造生成了 SDVRP 的测试算例，这些算例在之后的研究中被广泛采用。Dror 和 Trudeau 的研究发现，客户需求量较大时，SDVRP 能获得更大的节省。Derigs 和 Vogel（2010）[16]分别采用四种操作设计了不同的局域搜索元启发式算法：模拟退火算法、门槛接受法、记录更新法和基于属性的爬山法，其中爬山法的求解效果最好。Wang 等（2016）[17]分三个阶段对一种多车场的 SDVRP 进行了求解，优化目标为最小化车辆行驶时间和服务时间。该算法的第一阶段将问题当作需求不拆分的 VPR，从而求得一个可行解；第二阶段使用局域搜索对最长的路径进行改进；第三阶段增加了保证最小服务时间的局域搜索约束条件，通过 258 个算例计算分析发现，当路线上的平均客户数较少时，拆分服务所带来的节省会更大。

（2）多起点局域搜索算法。

多起点局域搜索算法对 SDVRP 进行求解的效率比较高。Silva 等（2015）[18]设计的多起点迭代局域搜索算法能够在数秒内得到 SDVRP 的满意解。温真真（2015）[19]提出了一种多起点迭代局部搜索算法，设计了精英解缓冲池策略，从池中挑选扰动解，能有效求解 SDVRP。Han 等（2016）[20]设计了一种多起点可变邻域下降算法用于求解最小拆分数的 SDVRP，测算了 128 个 8~288 个客户的算例，其中 81 个算例获得了当前最优解，平均每个算例耗时 37.2 s。

（3）自适应记忆算法。

自适应记忆算法由 Aleman 等（2010）[21]提出。该算法先采用可变构造的策略产生初始解，再采用可变邻域下降算法机制进行改进。

（4）禁忌搜索算法。

禁忌搜索算法是求解车辆路径问题效果较好的启发式算法之一。Archetti 等（2006）[10]首次采用禁忌搜索算法求解 SDVRP。它基于以下策略构造邻域结构：选择一个点 i 并将其插入一条不访问该点的路径 r 中，配送量 $q = \min\{d_i, q_r\}$（d_i 为在点 i 作业的需求量，q_r 为路径 r 上的剩余装载量），并将点 i 原来所在路径集上的总运输量减去 q。若点 i 之前被拆分，则根据移除点 i 带来的节省值对点 i 原来所在路径集进行排序，再按照排序表进行移除。该算法运行较慢，最快需运行约 1 min。但计算结果表明，该算法比之前的局域搜索算法[2]要好。Archetti 等（2008）[22]通过对禁忌搜索算法所获得优化结果的分析发现，若在邻域操作中一个边经常被交换，则可判定这条边存在于较高质量的优化解中；若某个客户在通过禁忌搜索算法获得的解中从来不被拆分或很少被拆分，则它在更高质量的解中也很可能不需被拆分。据此在算法中不断地搜集这类信息，直到算法结束，然后剔除从来不被或很少被交换的边，从而降低原始图的复杂度。Aleman 等（2010）[23]设计了一种基于单词构造法的禁忌搜索算法。该算法首先通过可变构造方法构造初始解集，然后利用可变邻域下降算法机制引导搜索更有价值的新解，在搜索过程中,将好解添加到解集中,并剔除掉差解。该方法能有效地改进其先前提出的自适应记忆算法[21]所获得的结果。孟凡超等(2010)[24]设计了一种新的禁忌搜索算法用于求解 SDVRP,并提供了测试算例用于算法求解效果的比较。熊浩和鄢慧丽(2015)[25]提出了一种基于双层规划模型的三阶段禁忌算法,可以有效求得 50 个客户点算例的优化解。

(5)遗传算法。

遗传算法是求解车辆路径问题最常见的启发式算法之一。Wilck 和 Cavalier(2012)[26]设计了混合遗传算法,通过 32 个算例的测试比较发现,该方法在车辆行驶距离和计算时间上要优于列生成法[27]和两阶段算法[28]得到的求解方案。李华峰等(2020)[29]基于遗传算法思想,采取新的编码及解码方式,提出金字塔演化策略,同时提出一种自适应邻域算子来引导个体向最优解靠拢,进而将个体间的竞争与协作联系起来。通过实验对比,该算法得出的优化解优于聚类算法[30]、人工蜂群算法[31]、粒子群算法[32]得到的求解方案。

(6)两阶段算法。

两阶段算法可以有效地对 SDVRP 进行求解。刘旺盛等(2015)[33]提出了一种先分组后优化路径的两阶段算法:第一阶段,用 k-means 算法对客户进行聚类,确定由同一辆车提供服务的客户集合;第二阶段,确定各个集合中客户点的访问路线,以使总的行程最短,即求解旅行商问题(Traveling Salesman Problem,TSP),并采用模拟退火算法求解。最后结合实例对比分析了所提出的两阶段算法与蚁群算法、禁忌搜索算法的求解效果。

2. 混合启发式算法

在最近几年,大量结合不同算法思想的混合启发式算法被用于求解 NP-难问题。混合启发式算法[34]可以发挥不同元启发式算法的优点,规避其缺点,以实现更好的性能。混合启发式算法还可以是元启发式算法与经典启发式算法的混合,部分元启发式算法的性能对初始解的质量有依赖,因此,可以采用经典启发式算法为元启发式算法产生初始解,以提高其算法性能。

Moshref-Javadi 和 Lee（2016）[35]混合使用模拟退火算法和可变邻域搜索算法求解了多商品的 SDVRP；该算例的计算结果表明，混合算法比仅采用模拟退火算法或可变邻域搜索算法要好。Wang 等（2017）[36]结合禁忌搜索和模拟退火算法求解了越库配送的 SDVRP。Sousa Matos 等（2018）[37]结合迭代局域搜索和随机可变邻域下降算法求解了绿色 SDVRP。Bortfeldt 和 Yi（2020）[38]设计的混合算法采用局域搜索进行路径优化，遗传算法用以寻求保证三维装载要求的装配方案。以上混合启发式算法针对相应复杂问题的优化求解都取得了较好的效果。

3. 精确算法

分支限界类算法是最常用于求解 SDVRP 的精确算法。Moreno 等（2010）[39]基于列生成法和割平面法提出了一个下界算法，该算法考虑了通过每一条边的流量，通过引入不同的有效不等式来加强算法。其中，定价问题由动态规划算法求解，用缩放法、稀疏法两个启发式方法来加速求解过程，同时介绍了求解 SDVRP 的特定有效不等式和一般下界，并将下界算法演变为一个分支定价算法；该算法能求解三个具有 50 个客户点的算例和一个具有 75 个客户点的算例。Feillet 等（2010）[40]以 SDVRP 为实验对象，对分支定价切割法及列生成法进行了系统讨论及应用验算。Archetti 等（2011）[11]采用分支定价切割法求解 SDVRP。由子问题生成的每一列代表每一条路径及每个客户的配送量，主问题获得的路径优化组合方案由子问题决定，子问题由标号算法求解，并采用有效不等式集改进下界的质量；该算法求解了七个算例，其中有一个算例中的客户数达 144 个，部分算例求得了新的最好解。Archetti 等（2014）[41]给出了 SDVRP 优化解下界的公式，设计了一种分支切割法可以求解一个客户点达 100 个的算例。Gschwind 等（2019）[42]提出的分支定价切割法能解决 80 个客户点、480 个运输需求的带商品约束的 SDVRP 的算例。

采用动态规划法再结合有效不等式的线性规划法，可以对 SDVRP 进行有效求解。Lee 等（2006）[43]研究了在最小车辆数的限制下寻求最短路问题，建立了动态规划模型，进行了具有 7 个客户点的算例测试；路径由标号法迭代计算得出，根据 k-拆分圈的特征在一定程度上缩小了解空间，但缩小后的解空间规模依然很大。Dror 于 1994 年[44]首次提出求解 SDVRP 的精确算法，该算法通过有效不等式和弧-流相结合的方式进行了建模，求解了具有 20 个客户点的算例；实验结果表明，不等式能够明显改进下界，在大部分算例中能使上、下界之间的差距减少 30%，其中，上界可由 Dror 和 Trudeau（1989）[5]提出的启发式算法得出。Belenguer 等（2000）[45]将一些诱导不等式和其他有效不等式植入割平面法，并采用该方法测试了从包含旅行商问题在内的各种实例数据文件库中选择的十一个具有 22～101 个客户点的算例和十四个随机产生的具有 51～101 个客户点的算例；结果表明，该方法能求得其中五个不超过 51 个客户点算例的最好解。

综上所述，近些年，求解 SDVRP 的精确算法一般为分支限界类相关算法，如分支切割法、分支定价法和分支定价切割法，但精确算法所能求解的 SDVRP 的规模有限，只能解决规模较小的问题。因此，设计性能良好的启发式算法是求解 SDVRP 的首要选择。而对较大规模或带其他衍生条件的 SDVRP 进行求解时，结合不同算法思想的混合启发式算法将更为高效。

近几年，对 SDVRP 的研究较多集中于各种衍生问题，这也是 VRP 研究领域的热点及发展趋势。如带时间窗[46; 47]、多车型[48]、多车场[17; 49; 50]、开放式[51]、随机需求[52]、带集送货[53]、带取送作业[54]等类型的 SDVRP 衍生问题都有相关研究。此外，随着物流技术的发展，由一些新的物流运送方式带来的新的衍生问题的研究逐渐涌现，如有三维装载要求[38]、带商品约束[42; 55; 56]（同批次货物不能拆分，不同批次的货物可以拆分）、越库配送[36; 57]（货物在配送中心不上货架，直接送往各客户）等类型的 SDVRP 的研究。另外，有些研究是基于实际应用问题的，它们有着与应用背景相关的特殊要求及问题特征。如 Hennig 等（2012）[58]研究的海上原油运输问题。

本书拟研究的需求可拆分的 PDPST（PDPSTSL）属于 PDP 的一种。

PDP 的类型很多，为了更好地界定本书拟研究的 PDPSTSL，下面首先对 PDP 的研究现状进行分类综述。

2.2 取送路径问题

在 PDP 中，如果由单一车辆完成取送运输任务，则可以称为带回程运输的旅行商问题（Traveling Salesman Problem with Backhauls，TSPB）或带取送作业的旅行商问题（Pickup and Delivery Traveling Salesman Problem，TSPPD）。如 Hernández-Pérez 等（2009[59]，2016[60]）、Rodríguez-Martín 等（2012）[61]所做的研究。如果由多车辆完成取送运输任务，则称为带取送作业车辆的路径问题（VRPPD），一般又可称为 PDP。

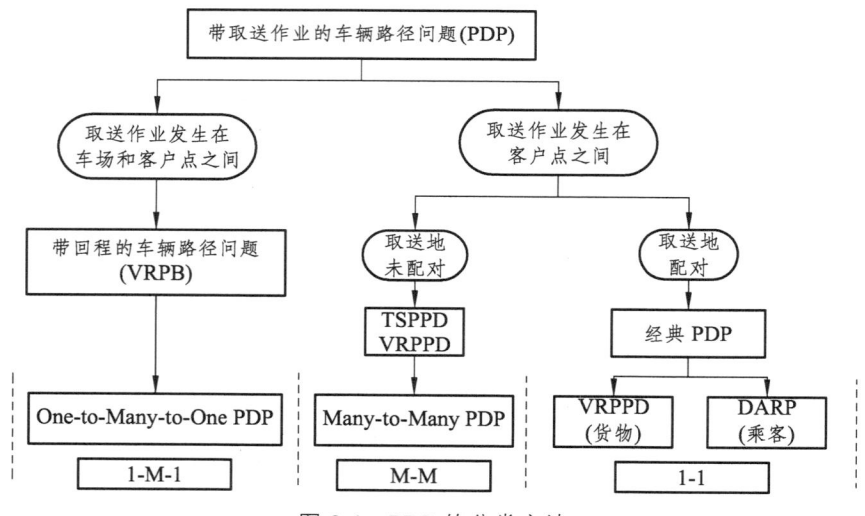

图 2-1 PDP 的分类方法

由于 PDP 中取送需求的来源和去向存在多样性，PDP 也有很多种类型，如图 2-1 所示。依照 Parragh 等（2008a[62]，2008b[63]）的分类方法，根据需求取送作业是发生在车场和客户点之间，还是发生在有取送需求的客户点之间，可以将 PDP 分为以下两大类：

第一类为取送作业发生在车场和客户点之间的 PDP，可称为带回程运输的 VRP（VRP with Backhauls，VRPB），即 Berbeglia 等（2007[64]，2010[65]）所研究的一对多对一 PDP（One-to-Many-to-One PDP，1-M-1 PDP），有的文献称之为同时取送 VRP（VRP with Simultaneous Pickup and Delivery，VRPSPD）。此类 PDP 中需将来源于车场的货物送往各个客户点；与此同时，来源于各个客户点的货物需要取回车场；各客户点有取或送的需求，或两者兼有。Zhu 等（2016）[66]采用混合进化算法研究了一种多目标优化的动态 1-M-1 PDP。Kalayci 和 Kaya（2016）[67]采用蚁群算法，结合可变邻域搜索算法思想求解了同时取送 VRP，其中蚁群算法可提升全局搜索效果，可变邻域搜索算法的局域搜索效果较好。Euchi 和 Frifita（2017）[68]针对饮料配送行业的 1-M-1 PDP，采用可变邻域下降算法进行求解，针对大多数标准算例，获得了比之前其他文献更好的解。Koç 等（2018）[69]总结了 VRPB 的模型、算法、衍生问题和应用等研究成果，指出了该类问题的研究方向。

第二类为取送作业发生在有取送需求的客户点之间的 PDP，称为一般的 VRPPD。这类 PDP 中的每个运输需求有着不同的起止点，且起止点均为客户点。根据起止点是否一一配对，可以将 VRPPD 进一步分为取送地未配对和取送地配对两个子类。

其中，第一个子类为取送地未配对，是指取点和送点不配对的情况。该问题中商品的始发点和终到点不配对，每个产点的商品均可用于满足任何销点的需求，且任意客户点均可以作为商品的起运点和终到点，即 Berbeglia 等（2007）[64]提出的多对多 PDP（Many-to-Many PDP，M-M PDP）。该类问题的相关研究文献不多。Rieck 等（2014）[70]研究了一种多商品的 M-M PDP。Hernández-Pérez 等（2016）[60]针对多商品的 M-M TSPPD 问题，建立了一种整数规划模型，提出了混合三阶段启发式算法，使用局域搜索算子和振荡操作进行优化求解；该算法能求解有 400 个节点和 5 种商品的随机算例，求解效果良好。Azadian 等（2017）[71]求解了一种不成对的成本受时间影响的 PDP，并应用于解决航空货运问题。

第二个子类为取送地配对，是指取点和送点一一配对的情况。此类问题中，运输需求在起点和终点间一一配对，即每个商品都有相应的产点和销点，商品在不同的取送地之间不可相互替代，该问题也称为经典的 PDP（Classical PDP），即 Berbeglia 等（2007）[64]提出的一对一 PDP（One-to-one PDP, OPDP 或 1-1 PDP）。本书所研究的需求可拆分的 PDPST 属于此类问题。运输对象为货物时，通常称为 VRPPD；运输对象是有关乘客的问题时，主要代表为 DARP。Liu 等（2015）[72]采用分支定价法在四小时内求解了具有 22 个需求的 DARP 实例问题。Ho 等（2018）[73]综述了 DARP 的相关研究，指出了该问题的研究趋势和发展方向，为寻求动态和不确定性的实时优化调度问题提供了快速求解方法。

近年来，针对实际应用问题的要求，PDP 衍生出了不同的问题，如带时间窗的 PDP[74; 75]、动态的 PDP[65; 67]、带装载方式约束的 PDP[76; 77]、多车型的 PDP[78; 79]、多车场的 PDP[80-82]和需求可拆分的 PDP（PDPSL）等。本书研究的问题属于 PDPSL，下面将对其研究现状进行分析。

2.3 需求可拆分的 PDP

需求可拆分的 PDP（PDPSL）是一类将货物或人员从一定的起点运送至一定终点的车辆路径问题。对此类问题的研究近十多年才出现，实践中，许多运输管理问题可以抽象为需求可拆分的 PDP，如列车开行方案、物流配送方案和快递机器人路线方案等的优化编制问题。

2.3.1 需求可拆分的 PDP 的描述

在有向完全图 $G = (V, E)$ 中，$V = P \cup D \cup \{0, 2n+1\}$ 表示节点，包括与 n 个取送需求相关的取点 $P = \{1, 2, \cdots, n\}$、送点 $D = \{n+1, \cdots, 2n\}$ 和车场 $\{0, 2n+1\}$。取点 $i \in P$ 相对应的送点为 $(n+i) \in D$。取点的运送需求 $q_i > 0$，相应送点的运送需求为 $q_{n+i} = -q_i$。每条边 $(i, j) \in E$ 的起、止节点分别为 $i \in V$ 和 $j \in V$，距离为 d_{ij}。由 m 辆装载量为 Q 的车辆来完成运输服务。到达取点的任一车辆均可以运输所有可运的运送对象，或仅运输其中的一部分。当某一辆车到达送点时，交付该车运送到该点的所有运送对象，每辆车的最大行驶距离为 L。需求可拆分的 PDP 的优化目标是寻找一组

不多于 m 条的从车场开始、最后回到车场的车辆路线方案，在保证每个需求取在前、送在后且满足车辆最大行驶里程和载质量不超过限制的前提下，实现车辆总运行里程最小化。

2.3.2 需求可拆分的 PDP 的常用算法

1. 启发式算法

Mitra（2005）[83]首次提出并研究了需求可拆分的 PDP。该问题属于一种需求可拆分的 1-M-1 PDP，优化目标为最小化用车数量和总路径长度。他建立了一种混合整数规划模型，设计了一种先确定所需的最少车辆数量，再根据最小插入值确定路线的启发式算法来求解，并于 2008 年采用并行聚类算法[84]改进了求解算法。

Thangiah 等（2007）[85]在所研究的 PDPSL 中增加了时间窗约束，并采用多插入启发式算法对静态和动态算例进行了测试。Nowak 等（2008）[86]评估了需求拆分在 1-1 PDP 中的作用，设计了一种基于模拟退火和禁忌搜索算法的混合启发式算法，并随机生成了一些较大规模的算例。通过算例实验发现需求拆分是否能带来收益与算例的三个特征密切相关：车辆装载量、取送货成本以及有共同取送货地点货物的占比。此外，当需求量稍大于车辆装载量的一半时，需求拆分运输可以获得更明显的收益。Nowak 等（2009）[87]对其先前研究提出的启发式算法[85]进行了更深入的研究，指出当需求量为车辆容量的 51%～60% 时，可以节省多达 30% 的运输成本。因需求拆分运输而可能节省的费用大小主要取决于要在同一地点收集或交付货物的百分比，以及各个取货点到送货点间的平均距离、取货点之间的距离和送货点之间的距离。

Şahin 等（2013）[88]研究了一种带距离约束的多车辆 1-1 PDPSL，并将其定义为多车辆 PDPSL（Multi-vehicle PDPSL，MPDPSL），同时提出了一种结合禁忌搜索和模拟退火算法思想的启发式算法。它的初始解可通过 Clarke 和 Wright（1964）[89]提出的节约值算法求得，然后通过交换、插入及拆分邻域的局域搜索方法加以改进，并将模拟退火思想与禁忌表相结合，以控制接受新解的概率，又采用 Nowak 等（2008）[85]给出的算例以及改编自 Ropke 和 Pisinger（2006）[90]给出的算例进行了测试。测试结果表明，需求允许拆分最多可节省高达 33% 的成本，节省值的大小在很大程度上取决于取点和送点的空间分布情况。

Wolfinger（2021）[91]对带时间窗和转运的 1-1 PDPSL 设计了一种大邻域搜索算法，在 5400 s 内求得 100 个需求的算例，得到 85 个多车辆问题的算例中 50 个算例的当前最好解，计算能力表现显著优于先前相关算法。

此外，还有一些学者采用启发式算法对其他类型的 PDPSL 进行了求解。Yin 等（2013）[92]采用禁忌搜索算法求解了一种 1-M-1 PDPSL，首先采用最近邻域插入法求解出一个较好的初始值，然后采用重定位、交换、2-opt 和拆分点重新定位四种邻域操作，随机确定禁忌长度参数，并通过惩罚函数自动调整参数进行求解。Chen 等（2014）[93]求解了一种取送点不配对的 PDPSL，采用可变邻域搜索算法在可接受的时间内获得了较好的解。Qiu 等（2018）[94]采用改进的禁忌搜索算法对离散且带回程的 PDPSL 进行了求解。

2. 精确算法

Salazar-González 等（2015）[95]采用一种分支切割算法对需求可拆分的 TSPPD（Split Delivery TSPPD，SDTSPPD）进行了求解。Hernández-Pérez 等（2018）[96]采用一种分支切割算法求解了单商品的 SDTSPPD，在求解有 500 个客户的标准算例时表现良好；但用其方法求解多商品问题时，只有小规模算例获得了较为理想的解。Casazza 等（2018）[97]研究的单商品需求可拆分 M-M PDP 适用于共享自行车集送问题的优化求解，但随着客户需求和车辆装载量的增大，采用的分支定价法的计算时间也大幅度增加。Casazza 等（2019）[54]将路径分解成一系列简单的子结构，以减轻可行解组合爆炸带来的计算压力，通过引入有效不等式，设计了一种分支定价算法，再利用特殊的定价里程和分支策略，嵌入一种舍入启发式思路来加速剪枝，有效地控制了计算时间。Wolfinger 和 Salazar-González（2021）[98]利用一种分支切割法求解了带转运的 PDPSL，证明了考虑转运可以进一步降低运输成本，其算例客户需求数达 10 个，同时指出对于该问题较大规模的算例，需要利用启发式算法求解。

3. 混合算法

混合算法结合了精确算法和启发式算法思想来对需求可拆分的 PDP 进行求解。Haddad 等（2018）[99]针对需求可拆分的 1-1 PDP，采用了一种新的以随机可变邻域下降为核心的迭代局域搜索算法，再结合动态规划和分支定价算法，将取送点对插入到合适路线的问题转化为一种带资源约束的背包问题。该算法更新了需求可拆分的单车辆 1-1 PDP 的 93 个标准算例中 92 个算例的当前最好解，对具有 20 个点对的需求可拆分的多车辆 1-1 PDP 的算例也能获得较好的解。

综上所述，由于需求可拆分及取送问题中两个复杂的要素合在了一起，因此，要更快更好地求解需求可拆分的 PDP 是一项颇有难度的挑战，相关的研究文献并不多。由于 PDPSL 的复杂度和计算难度，使用精确算法进行求解时往往需要花费大量的计算时间，而且所能求解算例的规模也不大，因此，对较大规模的算例，需要设计有效的启发式算法进行求解。

2.4 带时间窗的 PDP

因下面对需求可拆分且带时间窗的 PDPST 等的相关研究涉及带时间窗的 PDP（PDPTW）相关研究理论，因此，本节将探讨带时间窗的 PDP 的研究现状。

PDPTW 在 PDP 的基础上增加了车辆在客户点进行取或送作业时需要满足时间窗的要求。近年来，有学者对带时间窗的各种类型的 PDP 进行了研究，相关的研究成果稍多于 PDP 的其他衍生问题。

求解 PDPTW 的算法以启发式算法居多。Lai 等（2010）[100]提出了一种改进的差分进化算法用于求解 PDPTW。潘立军（2012）[101]探讨了一种取送货点——配对的 PDPTW，并利用一种改进的遗传算法进行了求解。Hosny 等（2012）[102]将三种新的并行构造算法用于构造一种多车辆 PDPTW 的初始解。Wang 等（2012）[103]采用一种遗传算法求解了PDPTW，并在 Solomon 标准算例的基础上进行改造提出了新的标准算例。Wang C 等（2015）[104]提出了一种并行模拟退火算法用于求解PDPTW；该算法对于 100 个客户点规模的算例，在最小用车数和最小运输距离方面均能得到比 Wang H 等（2012）[103]提出的算法更好的解，同时，Wang C 还提出了有 600，800 和 1000 个客户的大规模算例。程谦（2016）[105]针对大规模的 PDPTW 算例设计了一种大邻域搜索算法进行求解，并在算法中引入匹配度的概念和时差插入法以提升算法效率。Naccache 等（2018）[106]针对 PDPTW 提出了一种混合自适应大邻域搜索算法，并采用移除算子和插入算子提高求解质量。Lagos 等（2018）[107]利用改进的粒子群算法在可接受的时间内求解了逆向物流中的 PDPTW。Al Chami 等（2019）[108]研究了一种词典学算法，用于求解具有取送地配对的 PDPTW。Dahle 等（2019）[109]研究了一种 PDPTW 的实际应用问题，该问题中存在愿意绕道服务更多个运输需求的临时驾驶员，且考虑了其绕道行为会影响作业的时间窗。Györgyi 和 Kis（2019）[110]对不确定性的动态随机 PDPTW 进行了研究，并与 Srour 等（2016）[111]得出的优化结果进行了对比，同时还设计了 100 个客户、20～40 辆车的新算例；该算法所得的结果能较好地满足客户时间窗的要求。Ma 等（2019）[112]设计了一种混合优先遗传算法用于求解逆向物流中的 PDPTW。

此外，随着计算机性能的逐步提升，精确算法往往能够获得 PDPTW 问题的最好解或者能够在可接受的时间内得到较为满意的解，因此，许多学者一直在关注用精确算法求解 PDPTW。Gutiérrez-Jarpa 等（2010）[75]用一种分支定价法求解了 100 个客户点以内的 PDPTW 算例。Baldacci 等（2011）[113]基于集合划分了 PDPTW 的整数模型，模型中设置了两个不同的目标函数，分别为路径总成本最小化和车辆固定使用总成本最小化；该方法比之前文献中的大多数精确算法的计算时间都短，并求解了 15 个之前未能求解的算例。Cherkesly 等（2016）[76]采用一种分支定价切割法求解了带装载方式约束的 PDPTW，该算法可在两个小时内求得具有 75 个需求的算例的最优解。Aziez 等（2020）[114]利用分支切割法求解了多达 100 个节点的算例。

目前的研究中，求解 PDPTW 的启发式算法采用大邻域搜索算法思想的居多，能够求解的 PDPTW 算例规模较大，大都能求解 100 个客户点以上的问题，但计算时间一般较长。因此，考虑各种不确定因素的 PDPTW 成为目前的研究趋势。

2.5 需求按最短路运输的 PDP

与传统的 PDP 不同，在许多运输组织领域，需求往往要求通过最短路运输，如路网上的旅客列车开行方案编制问题和网约车拼车调度问题等。Qi 等（2020）[4]据此对一种需求按最短路运输的 PDP（PDPST）进行了研究，提出了一种多起点可变邻域下降算法（MS_VND）。本节将据此对 PDPST 的相关概念、研究边界、路径结构理论和基本模型进行阐述，以便为下面需求可拆分的 PDPST（PDPSTSL）、带时间窗的 PDPST（PDPSTTW）和需求可拆分且带时间窗的 PDPST（PDPSTTWSL）等的研究奠定基础。

2.5.1 需求按最短路运输的 PDP 的描述

1. 问题来源和相关界定

在高速铁路列车开行方案优化编制和网约车拼车调度等一些旅客运输组织实际应用中，存在如下运输要求：路网上有多个运输需求和车辆。其中，需求必须按起止点间的最短路运输；每辆车都要求沿着从第一个服务位置到最后一个服务位置间的路径（节点不重复的路线，Path）运行，即每辆车在单次任务中不能重复访问任何站点，该问题称为 PDPST，其目标为在考虑车辆负载能力、行驶里程和停站数量等约束的前提下寻找使得系统总收益最大的车辆路线方案。由于每个需求必须按最短路运输，并且要求车辆不能重复访问任一站点，因此，对 PDPST

的研究需基于连通图展开。

（1）运输需求必须经最短路运输。

本书所涉及的"最短路"为广义最短路，即包括距离最短、运输时间最少和成本最低等。在铁路旅客运输中，旅客为降低出行成本，缩短出行时间，往往会选择出行起止站点间运行时间最短的列车，旅客票价也将按照乘客起止站点间最短路的里程计算。在编制旅客列车开行方案时，列车的运行区段和开行对数取决于客流计划，而客流一般也是按最短路（距离最短、时间最少和成本最低等）分配到铁路网上。

又如，在网约车拼车调度过程中，只有顺路的乘客才愿意拼在一起。若乘客上车后网约车绕路运行，会使乘客的旅途时间延长，这将大大降低乘客拼车的意愿和满意度。同时，绕行也将使车辆的运行成本增加，故驾驶员一般不愿意绕行。因此，按最短路运输成为这类运输组织活动的必要条件。在确定拼车方案的需求组合时，为提高旅客出行品质，提高拼车成功率，应当把需求分配到沿其起止点间最短路（距离或时间等最短）运行的车辆上。应用实例计算时，即使存在少量绕路也应保证绕路点在可修正为最短路的误差之内。

综上所述，对 PDPST 中需求的运输路径界定如下：需求必须经其在路网上起点与终点间的最短路运输。

（2）车辆不能重复访问站点。

为提高效率，在常规旅客列车运行径路中，列车在从始发站到终到站的开行过程中不会重复访问任一车站。网约车在道路上的行驶更为灵活，但某一阶段计划内一般也不宜重复途经站点。

对该问题中车辆的路径（Path）界定如下：车辆沿着一条从第一个服务站点开始的不重复访问站点且不用返回车辆初始位置的路径运行，车辆的行驶路线是开放式的。

如图 2-2 所示，若需求 i 和 j 被某一辆车运送，路径应为 1-2-3-2-4。因为路径中的站点 2 被重复访问，不满足该问题对车辆路径的界定，所以需求 i 和 j 不能被同一车辆运输，称该路径不可行。

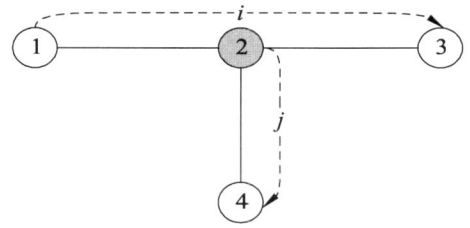

图 2-2 站点被同一车辆多次访问的情形

考虑路径优化过程中站点访问次序的文献较少。Muelas 等（2015）[115]分四种情况研究了邻域变换过程中两个需求组合的最优路径中站点的访问顺序的确定方法，该文中选择四种路径方案中运行距离最小的一个作为每步邻域变换中的最优路径方案。

（3）考虑实际路网的连接关系。

现实中出现的大多数 PDP 都发生在道路网中，通常可通过一系列最短路计算将实际道路连通图中的 PDP 转换为完全图中的 PDP，如 Fleischmann 等（1985）[116]、Cornuejols 等（1985）[117]、Letchford 等（2014）[118]和 Mahmoudi 等（2016）[119]的研究。Ben 等（2017）[120]考虑多重图路网上的 VRP，以带时间窗的 VRP 为测试算例，使用分支定价算法处理了不同类型的图，该方法能够在解空间中保留所有可选路径。

传统 PDP 的研究大多基于完全图，在路径中要求先访问运输对象的取点，后访问其送点，车辆沿着完全图中的路径运行且不重复访问任一站点。该问题的路径一般采用站点间连接关系的方式来表示。然而，车辆在完全图中沿着路径（Path）运行并不能确保在对应的连通图中也一定沿着路径（Path）运行。下面以图 2-3 为例，连通图 2-3（a）中的需求 i 和 j 待运送。在其对应的完全图 2-3（b）中，1 和 3 为取点，2 和 4 为送点，路径方案 1-2-3-4 是一个可行解，但该方案对应连通图中的方案为 1-2-4-3-4，站点 4 被重复访问。按照以上界定的要求，此方案不可行。因此，对于 PDPST 的解的构造和邻域变换，必须要考虑实际路网的连接关系。

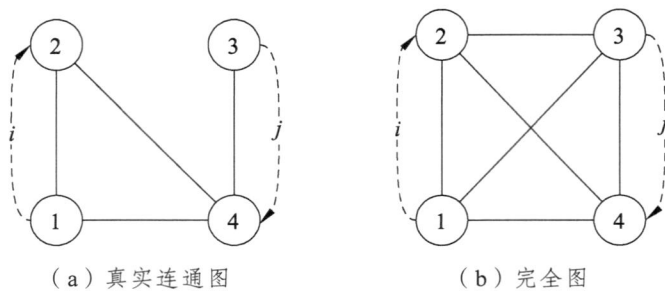

（a）真实连通图　　　　（b）完全图

图 2-3　路径方案在连通图和完全图中的区别

在传统的 PDP 中，当车辆运载的取送需求确定后，构造路径时的一般原则为保证每个需求的取点在前送点在后。而在 PDPST 中，构造路径时除保证上述条件之外，还必须保证如下两点：每个需求经最短路运输和整条路径（Path）不重复访问实际路网中的任一点。相对于传统 PDP，考虑实际路网连接关系的 PDP 的求解更具难度和挑战性，因为每条路径在组合运载需求时都要考虑路径的结构。因此，该问题求解的复杂度大大增加。

基于上述分析，本书拟基于 Qi 等（2019[3]和 2020[4]）所研究的 PDPST 的路径结构相关理论展开对需求可拆分和带时间窗的 PDPST 的研究。因此，下面将就 PDPST 中路径结构的相关理论进行分析。

2. 问题的一般描述

在连通图 $G = (V, E)$ 中，$V = \{1, \cdots, n\}$ 表示顶点集合，$E = \{1, \cdots, e\}$ 表示边集合。需求集合记为 $P = \{1, \cdots, p\}$，车辆集合记为 $K = \{1, \cdots, m\}$。需求 i 的需求量记为 q_i，单位需求量的收益记为 π_i。车辆 $k \in K$ 的装载能力记为 Q^k，车辆固定使用成本记为 vc^k，车辆单位里程的运行成本记为 tc^k，车辆在点 n 的停站成本记为 sc_n^k。

该问题还需满足以下要求：

（1）需求必须根据客户的要求沿着最短路运输且不允许拆分。允许同一车辆同时取送不同需求。

（2）车辆有各自的初始位置。接受任务后，从第一个取点开始，车辆的运行路线要求为一条路径（Path），即任一服务点均不能被同一车辆重复访问。车辆最后不用回到其初始位置，其运行路线是开放式的。从第一个取点开始统计，车辆运行里程不能超过 D，停站次数不能超过 M_0。

（3）每辆车不能超载。

（4）车辆的成本总和由固定使用成本总和、运行成本总和、停站成本总和组成。

（5）为了实现效益最大化，允许需求不被运输的情况存在。

（6）连通图中的任意两点之间仅有唯一一条最短路。

该问题的优化目标为通过合理安排车辆路径以实现收益等最大化。

3. 现有相关研究

Letchford 等（2014）[118]的研究认为，路网上两点之间最快的路线并不一定是成本最低的路线，因此，需要比较两点之间可选择的多条路线，最后采用分支定价算法进行求解。该文献虽然考虑了实际路网上各点之间可能有多条最短路，但没有考虑不同的路线组合会影响各客户点的服务顺序。

目前，PDPST 的相关研究较少，可参见 Qi 等（2019[3]和 2020[4]）所撰写的文章。为更好地描述需求按最短路运输这一要求，上述文献研究了该问题的路径结构，采用一种基于需求/车辆和需求间连接关系的路径结构表示方式建立了 PDPST 的模型，并设计了一种 MS_VND 算法用于求解该问题，比较了三种运输模式下的模型求解效果和解的差异。由于下面研究的需求可拆分的 PDPST、带时间窗的 PDPST 和需求可拆分且带时间窗的 PDPST 等问题均基于 PDPST 的路径结构理论，因此，下节将阐述其相关定义、路径构造规则和基本模型。

2.5.2 需求按最短路运输的 PDP 的路径结构和模型

1. 路径结构

（1）相关定义。

为便于描述需求（即取送点对）/车辆和需求之间的连接关系，对

PDPST 中的路径属性、需求/车辆和需求间的连接关系和相关参数定义如下。

定义 2-1：若连通图中某一路径上的全部需求均被按照各自取送点间的最短路运输，则定义该路径 结构可行。

定义 2-2：若某一路径结构可行的路径中的需求 j 可被不早于需求/车辆 i 装载，则定义需求 j 可连接到需求/车辆 i，定义 $ct_{i,j}$ ($\forall i=1,\cdots,p+1; j=1,\cdots,p$)为需求 j 可否连接到需求/车辆 i 的判断参数。规定任一需求均可连接到任一车辆，即 $ct_{p+1,j}=1$ ($\forall j=1,\cdots,p$)。但车辆不能连接到需求/车辆。

定义 2-3：若需求 j 能连接到需求/车辆 i（即 $ct_{i,j}=1$），且需求 j 能被不早于需求/车辆 i 卸载，则定义需求 j 可连接后于需求/车辆 i，定义 $ca_{i,j}$ ($\forall i=1,\cdots,p+1; j=1,\cdots,p$)为需求 j 可否连接后于需求/车辆 i 的判断参数。规定任一需求均可连接后于任一车辆，即 $ca_{p+1,j}=1$($\forall j=1,\cdots,p$)。

定义 2-4：在由需求/车辆 i 和需求 j 组成的路径中，车辆 k 的访问点可分为停点（停站作业点）和途经点（途经但不停留点）。

定义 2-5：在由需求/车辆 i 和需求 j 组成的路径中，路段可分为负载路段（车辆在该路段装有需求）和连接路段（车辆空载的连接路段）。

（2）路径构造规则。

为避免 PDPST 的解中出现重复计算路段长度的情形，PDPST 的路径构造过程中应遵循如下六个规则：

规则 1：满足 $ct_{i,j}=1$ 的需求 j 才可连接到需求/车辆 i。

规则 2：每个需求 i_1 只可连接到不超过一个需求/车辆 i_2，且被连接的需求 i_2 必须已经成功连接后于另一个需求/车辆 i_3。

规则 3：不允许多个需求同时连接后于同一需求/车辆。

规则 4：不允许需求连接到自己。

规则 5：路径中不允许存在圈（Cycle）/自环（Loop）。

规则 6：未被运输的需求不允许连接到其他需求/车辆。

2. 基本模型及其特征

（1）基本模型。

因为要满足需求按照最短路运输等相关界定，结合 PDPST 的特点，建模时基于需求/车辆和需求间的连接关系定义决策变量。模型中所涉及符号的含义已列在书前的"符号说明"部分。其中 $lc_{i,j}$，$ct_{i,j}$ 和 $ca_{i,j}$ 的取值见附录 A。其余常量的取值可根据算例直接确定。

PDPST 的基本模型如下：

① 目标函数。

PDPST 模型的目标函数由四部分组成：总收入、车辆固定使用成本总和、车辆运行成本总和及车辆停站成本总和。

总收入：

$$\sum_{k \in K} \sum_{i \in P} \sum_{j \in P \cup \{p+1\}} \pi_i \cdot q_i \cdot x_{j,i}^k \tag{2-1}$$

车辆固定使用成本总和：

$$\sum_{k \in K} \sum_{j \in P} vc^k \cdot x_{p+1,j}^k \tag{2-2}$$

车辆运行成本总和：

$$\sum_{k \in K} tc^k \cdot \left(\sum_{e \in E} le_e \cdot y_e^k + \sum_{i \in P \cup \{p+1\}} \sum_{j \in P} lc_{i,j} \cdot x_{i,j}^k \right) \tag{2-3}$$

车辆停站成本总和：

$$\sum_{k \in K} \sum_{n \in V} sc_n^k \cdot sn_n^k \tag{2-4}$$

PDPSTSL 的目标为寻找如下收益最大化的车辆路径方案：

$$\sum_{k \in K} \sum_{i \in P} \sum_{j \in P \cup \{p+1\}} \pi_i \cdot q_i \cdot x_{j,i}^k - \left[\sum_{k \in K} \sum_{j \in P} vc^k \cdot x_{p+1,j}^k + \sum_{k \in K} tc^k \cdot \left(\sum_{e \in E} le_e \cdot y_e^k \right. \right.$$

$$\left. \left. + \sum_{i \in P \cup \{p+1\}} \sum_{j \in P} lc_{i,j} \cdot x_{i,j}^k \right) + \sum_{k \in K} \sum_{n \in V} sc_n^k \cdot sn_n^k \right]$$

② 约束条件。

需求/车辆 i 和需求 j 的连接次序约束：

$$x_{i,j}^k \leqslant ct_{i,j}, \forall k \in K, i \in P \cup \{p+1\}, j \in P \qquad (2-5)$$

$$x_{i,j}^k \leqslant \sum_{i_0 \in P \cup \{p+1\}} ca_{i_0,i} \cdot x_{i_0,i}^k, \forall k \in K, i, p \in P \qquad (2-6)$$

$$\sum_{j \in P} ca_{i,j} \cdot x_{i,j}^k \leqslant 1, \forall k \in K, i \in P \cup \{p+1\} \qquad (2-7)$$

$$x_{i,i}^k = 0, \forall k \in K, \ i \in P \qquad (2-8)$$

$$u_i^k - u_j^k + p \cdot x_{i,j}^k \leqslant p-1, \forall k \in K, i, j \in P \qquad (2-9)$$

$$\sum_{k \in K} \sum_{i \in P \cup \{p+1\}} x_{i,j}^k \leqslant 1, \forall j \in P \qquad (2-10)$$

其中：约束条件式（2-5）~（2-10）决定需求/车辆 i 和需求 j 的连接次序。

车辆装载能力约束：

$$\sum_{i \in P} ld_{i,e} \cdot q_i \cdot \sum_{j \in P \cup \{p+1\}} x_{j,i}^k \leqslant Q^k, \forall k \in K, e \in E \qquad (2-11)$$

式（2-11）确保车辆不超载。

车辆停站次数约束：

$$sn_n^k \geqslant sod_{i,n} \cdot \sum_{j \in P \cup \{p+1\}} x_{j,i}^k, \forall k \in K, \ i \in P, n \in V \qquad (2-12)$$

$$\sum_{n \in V} sn_n^k \leqslant M_0, \forall k \in K \qquad (2-13)$$

其中：式（2-12）决定车辆的停站点；式（2-13）确保车辆的停站总数不超过 M_0（从第一个取点开始统计）。

车辆途经路段约束：

$$ld_{i,e} \cdot \sum_{j \in P \cup \{p+1\}} x_{j,i}^k \leqslant y_e^k, \forall k \in K, i \in P, e \in E \qquad (2-14)$$

式（2-14）确定车辆在所途经路段的负载状态。

路径分配车辆约束：

$$y_e^k \leqslant \sum_{j \in P} x_{p+1,j}^k, \forall k \in K, e \in E \qquad (2-15)$$

式（2-15）确定路径的车辆分配方案。

路径长度约束：

$$\sum_{e \in E} le_e \cdot y_e^k + \sum_{i \in P} \sum_{j \in P} lc_{i,j} \cdot x_{i,j}^k \leq D, \forall k \in K \qquad (2\text{-}16)$$

③ 决策变量。

$$x_{i,j}^k \in \{0,1\}, \forall k \in K, i \in P \bigcup \{p+1\}, j \in P \qquad (2\text{-}17)$$

$$y_e^k \in \{0,1\}, \forall k \in K, e \in E \qquad (2\text{-}18)$$

$$sn_n^k \in \{0,1\}, \forall k \in K, r \in V \qquad (2\text{-}19)$$

$$u_i^k \in \{1,2,3,\cdots\}, \forall k \in K, i \in P \qquad (2\text{-}20)$$

其中：式（2-17）～（2-20）为决策变量的取值范围。

（2）传统 PDP 和 PDPST 的特征。

综上所述，传统 PDP 和 PDPST 的特征如表 2-1 所示。

表 2-1 传统 PDP 和 PDPST 的特征

	传统 PDP	PDPST
路网图	完全图	连通图
车辆	车辆沿完全图中 Path 运行，但在对应连通图中可能不是一条 Path	车辆沿连通图中的 Path 运行
需求	—	通过最短路运输需求
决策变量	$x_{i,j}^k$：节点 i 和 j 间的连接关系	$x_{i,j}^k$：需求/车辆 i 和需求 j 间的连接关系
连接参数	—	$ct_{i,j}$：需求 j 能否连接到车辆/需求 i 的判断参数；$ca_{i,j}$：需求 j 能否连接后于车辆/需求 i 的判断参数
解的形式	$x_{i,j}^k=1$：节点 j 成功连接到节点 i	$x_{i,j}^k \cdot ct_{i,j}=1$：需求 j 成功连接到需求/车辆 i；$x_{i,j}^k \cdot ca_{i,j}=1$：需求 j 成功连接后于需求/车辆 i

2.6 小　结

根据上文综述，可将需求可拆分的 PDP 的相关研究现状总结如下：

（1）需求拆分可能带来运输成本的节省，因此，近年来对需求可拆分的车辆路径问题（SDVRP）的研究逐渐增加，产生了一系列成果，为该问题的后续相关研究打下了良好的基础。

（2）SDVRP 的求解算法包括启发式算法和精确算法。总体而言，现有大多数算法所能求解的 SDVRP 的算例规模要小于传统车辆路径问题，尤其是精确算法所能求解的算例规模更小。对于 SDVRP 的求解，启发式算法由于灵活、适用性强和求解速度快等特点，得到了广泛应用。近年来，随着计算机性能的增强，利用精确算法在可接受的时间内对较大规模问题进行求解成为可能，学者对精确算法的研究热度也并未消减。为满足大规模实际应用问题的求解需要，对 SDVRP 的各衍生问题的算法研究有必要继续深入。

（3）需求可拆分的 PDP 作为 SDVRP 的一种拓展子问题，在存在成对需求的运输组织领域有较大的应用空间。既有文献中对 PDP 的研究成果比较丰富，但对需求可拆分的 PDP 的研究较少，SDVRP 的研究成果可为需求可拆分的 PDP 的研究提供参考。

（4）允许拆分需求的旅客运输组织问题也可提炼成一种需求可拆分的 PDP。该类问题有时还需考虑运输需求按照最短路运输的要求，可称为需求可拆分的最短路运输 PDP（PDPSTSL）。目前，尚未见针对 PDPSTSL 的研究。为给旅客运输组织优化问题的求解提供一种新的思路和理论基础，有必要对 PDPSTSL 及其衍生问题展开研究。

第 3 章

需求可拆分的 PDPST 研究

本章拟基于第 2 章对需求可拆分的 PDP（PDPSL）和需求按最短路运输的 PDP（PDPST）研究现状的总结分析，以及 PDPST 的相关界定、路径结构和基本模型等理论介绍，结合一些运输组织领域中需求可拆分且按最短路运输的应用背景构建一种需求可拆分的 PDPST 模型，以研究求解该问题的两种需求拆分策略；在此基础上，设计基于七种邻域变换方法和两种多起点可变邻域下降算法（MS_VND）的四种求解方法，并与 Gurobi 求解结果进行对比分析。相关理论拟作为后续章节理论和案例研究的基础。

3.1 问题描述及建模

3.1.1 问题背景及描述

1. 问题背景

作为 PDP 的一种，需求可拆分 PDP（PDPSL）在实践中广泛存在，如城市公交、城市轨道和铁路等运输组织方案的优化。通过对需求进行拆分可以节省更多的运输成本。近年来，对其的研究逐渐增加。在一些旅客对出行品质高的运输领域，有时还需考虑需求按最短路（距离最短、时间最少、成本最低等）运输的要求，该问题称为需求可拆分的 PDPST（PDPSTSL）。

PDPSTSL 的一般特征可提炼如下：在一个现实路网中存在若干站点间的客户运输需求，任意两个站点间的需求可由一辆或一辆以上的车辆运输，而且需求要求按照各自起止站点间的最短路运输。为降低运行成本，运送需求的车辆要求按照一条不重复访问任意站点的路径（Path）运行。该问题的优化目标是：在满足车辆装载能力等约束的前提下，通过合理安排车辆路径方案和客流分配方案等来实现运输收益最大化。该问题的核心特点包括以下三点：（1）起止站点相同的需求可由不同的车辆运输，即运输需求可拆分。（2）需求要求按照最短路运输。（3）车辆要求沿着路径（Path）运行，即不允许车辆重复访问同一车站。

2. 问题描述

在连通图 $G=(V,E)$ 中，$V=\{1,\cdots,n\}$ 表示顶点集合，$E=\{1,\cdots,e\}$ 表示边集合。需求集合记为 $P=\{1,\cdots,p\}$，车辆集合记为 $K=\{1,\cdots,m\}$。需求 i 的需求量记为 q_i，单位需求量的收益记为 π_i。车辆 k 的装载能力记为 Q^k，车辆 k 的固定使用成本记为 vc^k，车辆 k 的单位里程的运行成本记为 tc^k，车辆 k 在点 n 的停站成本记为 sc_n^k。

该问题还需满足以下要求：

（1）允许拆分需求且必须根据客户要求沿着最短路运输需求。允许同一车辆同时取送不同需求。

（2）车辆有各自的初始位置。接受任务后，从第一个取点开始，车辆的运行路线要求为一条不重复访问任一站点的路径（Path）。车辆最后不用回到其初始位置，运行路线是开放式的。

（3）车辆不能超载。从第一个取点开始统计，车辆的运行里程不能超过 D，停站次数不能超过 M_0。

（4）车辆的成本总和由固定使用成本总和、运行成本总和与停站成本总和组成。

（5）为了实现效益最大化，允许需求不被运输的情况存在。

（6）连通图中的任意两点之间只有唯一一条最短路。

该问题的优化目标是：通过合理安排车辆路径以实现收益最大化。

本节的 PDPSTSL 为 PDPST 的拓展子问题，即在 PDPST 的基础上增加了允许需求拆分要求。虽然两者的基本问题在描述形式上的差别不大，但两者解空间特性的差别较大，需要重新对其模型和求解方法等进行研究。

3.1.2 数学模型

本章研究的模型所涉及符号的含义详见书前"符号说明"部分。其中 $lc_{i,j}$、$ct_{i,j}$ 和 $ca_{i,j}$ 的取值方法详见附录 A。其余参数的含义比较简明，可根据不同算例直接得出。

PDPSTSL 的路径结构与第 2.5.2 节中 PDPST 的路径结构类似。因路径结构特殊，其决策变量采用一种基于需求/车辆和需求间连接关系的方式表示，这与传统 PDP 不同。下面以决策变量 $x_{i,j}^k$ 为例。在传统 PDP 中，$x_{i,j}^k$ 表示为：在车辆 k 运行的路径中节点 j 连接在节点 i 的后面，而在 PDPST 和 PDPSTSL 中，$x_{i,j}^k$ 则表示为：在车辆 k 运行的路径中需求 j 连接到需求/车辆 i 上，当 $i=p+1$ 时需求 i 表示车辆。PDPSTSL 与 PDPST 的不同之处则在于需求能拆分给不同的车辆进行运输。参照第 2.5.2 节分析的 PDPST 模型，可将 PDPSTSL 表述为如下的混合整数线性规划模型。

（1）目标函数。

PDPSTSL 的目标函数由总收入、车辆固定使用成本总和、车辆运行成本总和、车辆停站成本总和四部分组成。

总收入：

$$\sum_{k \in K} \sum_{i \in P} \pi_i \cdot qs_i^k \tag{3-1}$$

车辆固定使用成本总和：

$$\sum_{k \in K} \sum_{j \in P} vc^k \cdot x_{p+1,j}^k \tag{3-2}$$

车辆运行成本总和：

$$\sum_{k \in K} tc^k \cdot \left(\sum_{e \in E} le_e \cdot y_e^k + \sum_{i \in P \cup \{p+1\}} \sum_{j \in P} lc_{i,j} \cdot x_{i,j}^k \right) \tag{3-3}$$

车辆停站成本总和：

$$\sum_{k \in K} \sum_{n \in V} sc_n^k \cdot sn_n^k \tag{3-4}$$

PDPSTSL 的目标为寻找使得如下收益最大化的车辆路径方案：

$$\sum_{k \in K} \sum_{i \in P} \pi_i \cdot qs_i^k - \left[\sum_{k \in K} \sum_{j \in P} vc^k \cdot x_{p+1,j}^k + \sum_{k \in K} tc^k \cdot \left(\sum_{e \in E} le_e \cdot y_e^k \right. \right.$$
$$\left. \left. + \sum_{i \in P \cup \{p+1\}} \sum_{j \in P} lc_{i,j} \cdot x_{i,j}^k \right) + \sum_{k \in K} \sum_{n \in V} sc_n^k \cdot sn_n^k \right]$$

（2）约束条件。

需求/车辆 i 和需求 j 连接次序约束：

$$x_{i,j}^k \leq ct_{i,j}, \forall k \in K,\ i \in P \cup \{p+1\}, j \in P \tag{3-5}$$

$$x_{i,j}^k \leq \sum_{i_0 \in P \cup \{p+1\}} ca_{i_0,i}\ x_{i_0,i}^k, \forall k \in K, i,p \in P \tag{3-6}$$

$$\sum_{j \in P} ca_{i,j} \cdot x_{i,j}^k \leq 1, \forall k \in K,\ i \in P \cup \{p+1\} \tag{3-7}$$

$$x_{i,i}^k = 0, \forall k \in K,\ i \in P \tag{3-8}$$

$$u_i^k - u_j^k + p \cdot x_{i,j}^k \leq p-1, \forall k \in K, i,j \in P \tag{3-9}$$

$$\sum_{i \in P \cup \{p+1\}} x_{i,j}^k \leq 1, \forall k \in K, j \in P \tag{3-10}$$

其中：约束条件式（3-5）~（3-10）决定需求/车辆 i 和需求 j 的连接次序。

需求拆分约束：

$$\sum_{k \in K} qs_i^k \leq q_i, \forall i \in P \tag{3-11}$$

$$\sum_{j \in P \cup \{p+1\}} x_{j,i}^k \cdot M \geq qs_i^k, \forall k \in K, i \in P \tag{3-12}$$

式（3-11）和（3-12）确定拆分方案，其中 M 为一个充分大的正值。

车辆装载能力约束：

$$\sum_{i \in P}(ld_{i,e} \cdot qs_i^k) \leq Q^k, \forall k \in K, e \in E \tag{3-13}$$

式（3-13）确保车辆不超载。

车辆停站次数约束：

$$sn_n^k \geq sod_{i,n} \cdot \sum_{j \in P \cup \{p+1\}} x_{j,i}^k, \forall k \in K, i \in P, n \in V \tag{3-14}$$

$$\sum_{n \in N} sn_n^k \leq M_0, \forall k \in K \tag{3-15}$$

其中：式（3-14）决定车辆 k 是否在点 n 停站；式（3-15）确保车辆的停站总数不超过 M_0（第一个取点开始统计）。

车辆途经路段约束：

$$ld_{i,e} \cdot \sum_{j \in P \cup \{p+1\}} x_{j,i}^k \leq y_e^k, \forall k \in K, i \in P, e \in E \tag{3-16}$$

式（3-16）确定车辆 k 通过边 e 时是否负载。

路径分配车辆约束：

$$y_e^k \leq \sum_{j \in P} x_{p+1,j}^k, \forall k \in K, e \in E \tag{3-17}$$

式（3-17）确定路径的车辆分配方案。

路径长度约束：

$$\sum_{e \in E} le_e \cdot y_e^k + \sum_{i \in P} \sum_{j \in P} lc_{i,j} \cdot x_{i,j}^k \leq D, \ \forall k \in K \tag{3-18}$$

式（3-18）确保每条路径的总长度不超过 D（从第一个取点开始统计）。

（3）决策变量。

$$x_{i,j}^k \in \{0,1\}, \forall k \in K, i \in P \cup \{p+1\}, j \in P \tag{3-19}$$

$$qs_i^k \geq 0, \forall k \in K, i \in P \tag{3-20}$$

$$y_e^k \in \{0,1\}, \forall k \in K, e \in E \tag{3-21}$$

$$u_i^k \in \{1,2,3,\cdots\}, \forall k \in K, i \in P \tag{3-22}$$

$$sn_n^k \in \{0,1\}, \forall k \in K, n \in V \tag{3-23}$$

其中：式（3-19）~（3-23）为决策变量的取值范围。

3.1.3 需求可拆分的 PDPST 可行解示例

为直观展示 PDPSTSL 模型，本节将列出一个算例。该算例中，路网属性的相关参数如图 3-1 所示。在该问题的一个可行方案中，五个需求（需求量分别为 2，2，6，2 和 2）被两辆车（初始位置分别为 1 和 14，装载能力为 5，运行里程上限为 30，停站次数上限为 6）沿着两条路径（Path）运送。停站点包括 2，3，4，15，14，12，6，8 和 10。

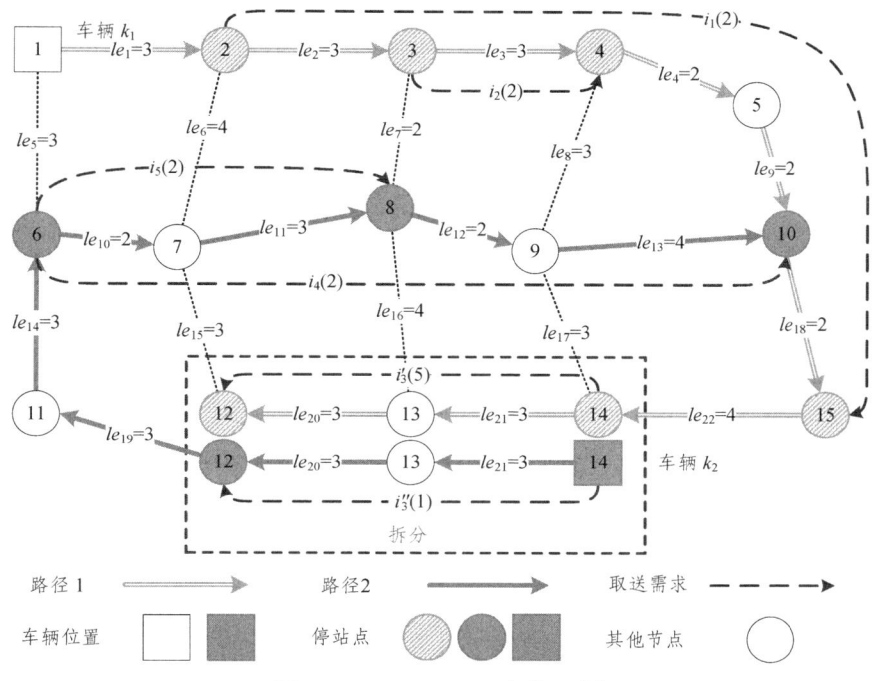

图 3-1 PDPSTSL 可行解示例

表 3-1 为算例中连接关系判断参数 $ct_{i,j}$ 和 $ca_{i,j}$ 和连接路段长度 $lc_{i,j}$ 的取值。

表 3-1 $ct_{i,j}$ 和 $ca_{i,j}$ 和 $lc_{i,j}$ 的取值

$ct_{i,j}$ /$ca_{i,j}$ /$lc_{i,j}$	$j=1$	$j=2$	$j=3$	$j=4$	$j=5$
$i=1$	—	1/0/0	$1/1/le_{22}$	$0/0/\infty$	$1/1/le_{22}+le_{21}+le_{20}+le_{19}+le_{14}$
$i=2$	$0/0/\infty$	—	$1/1/le_8+le_{17}$	$0/0/\infty$	$1/1/le_8+le_{17}+le_{21}+le_{20}+le_{19}+le_{14}$
$i=3$	$1/1/le_{15}+le_6$	$1/1/le_{15}+le_{11}+le_7$	—	$1/1/le_{19}+le_{14}$	$1/1/le_{19}+le_{14}$
$i=4$	$0/0/\infty$	$0/0/\infty$	$1/1/le_{18}+le_{22}$	—	1/0/0
$i=5$	$0/0/\infty$	$1/1/le_7$	$1/1/le_{12}+le_{17}$	1/1/0	—
k_1	$1/1/le_1$	$1/1/le_1+le_2$	$1/1/le_1+le_2+le_7+le_{12}+le_{17}$	$1/1/le_5$	$1/1/le_5$
k_2	$1/1/le_{17}+le_{12}+le_{11}+le_6$	$1/1/le_{17}+le_{12}+le_7$	1/1/0	$1/1/le_{21}+le_{20}+le_{19}+le_{14}$	$1/1/le_{21}+le_{20}+le_{19}+le_{14}$

令 $\pi_i = 15$，$vc^k = 1$，$tc^k = 1$，$sc_n^k = 1$。因为车辆的运载能力为 5，所以，需求 $q_3 = 6$ 被拆成 $qs_3^{k_1} = 5$ 和 $qs_3^{k_2} = 1$。可行路径方案中决策变量的取值如表 3-2 所示。

表 3-2 可行路径方案的决策变量取值

变量	路径 1	路径 2
$x_{i,j}^k$	$x_{p+1,i_1}^{k_1} = 1$，$x_{i_1,i_2}^{k_1} = 1$，$x_{i_1,i_3}^{k_1} = 1$	$x_{p+1,i_3}^{k_2} = 1$，$x_{i_3,i_4}^{k_2} = 1$，$x_{i_4,i_5}^{k_2} = 1$ 或 $x_{p+1,i_3}^{k_2} = 1$，$x_{i_3,i_5}^{k_2} = 1$，$x_{i_5,i_4}^{k_2} = 1$
y_e^k	$y_{e_2}^{k_1} = 1$，$y_{e_3}^{k_1} = 1$，$y_{e_4}^{k_1} = 1$，$y_{e_9}^{k_1} = 1$，$y_{e_{18}}^{k_1} = 1$，$y_{e_{21}}^{k_1} = 1$，$y_{e_{20}}^{k_1} = 1$	$y_{e_{21}}^{k_2} = 1$，$y_{e_{20}}^{k_2} = 1$，$y_{e_{10}}^{k_2} = 1$，$y_{e_{11}}^{k_2} = 1$，$y_{e_{12}}^{k_2} = 1$，$y_{e_{13}}^{k_2} = 1$
sn_n^k	$sn_2^{k_1} = 1$，$sn_3^{k_1} = 1$，$sn_4^{k_1} = 1$，$sn_{15}^{k_1} = 1$，$sn_{14}^{k_1} = 1$，$sn_{12}^{k_1} = 1$	$sn_{14}^{k_2} = 1$，$sn_{12}^{k_2} = 1$，$sn_6^{k_2} = 1$，$sn_8^{k_2} = 1$，$sn_2^{k_2} = 1$
qs_i^k	$qs_1^{k_1} = 2$，$qs_2^{k_1} = 2$，$qs_3^{k_1} = 5$	$qs_4^{k_2} = 2$，$qs_5^{k_2} = 2$，$qs_3^{k_2} = 1$
u_i^k	$u_{i_1}^{k_1} < u_{i_2}^{k_1}$，$u_{i_1}^{k_1} < u_{i_3}^{k_1}$	$u_{i_3}^{k_2} < u_{i_4}^{k_2}$，$u_{i_4}^{k_2} < u_{i_5}^{k_2}$ 或 $u_{i_3}^{k_2} < u_{i_5}^{k_2}$，$u_{i_5}^{k_2} < u_{i_4}^{k_2}$

因此，

$$\sum_{k \in K} \sum_{i \in P} \pi_i \cdot qs_i^k = 15 \times (2+2+5+2+2+1) = 210$$

$$\sum_{k \in K} \sum_{j \in P} vc^k \cdot x_{p+1,j}^k = 1 \times 2 = 2$$

$$\sum_{k \in K} tc^k \cdot \sum_{e \in E} le_e \cdot y_e^k = 1 \times (3+3+2+2+2+3+3+3+2+3+2+4) = 35$$

$$\sum_{k \in K} tc^k \cdot \sum_{i \in P \cup \{p+1\}} \sum_{j \in P} lc_{i,j} \cdot x_{i,j}^k = 1 \times (3+4+3+3) = 13$$

$$\sum_{k \in K} \sum_{n \in V} sc_n^k \cdot sn_n^k = 1 \times 11 = 11$$

故总收益为 $210 - (2+35+13+11) = 149$。

3.2 求解方法

因为 PDPSTSL 的复杂性，对于稍大规模的算例，使用精确算法求解无法在可接受的计算时间内获得满意的结果。因此，本书针对 PDPSTSL 的特征提出两类拆分策略，这两类策略又分别应用于四种求解方法。

拆分策略Ⅰ为过程拆分：在邻域变换过程中对需求进行拆分，并将 Qi 等（2020）[4]所提出的多起点可变邻域下降算法（本书称为 MS_VND Ⅰ）改造成一种新的 MS_VND Ⅱ 以求解 PDPSTSL。

拆分策略Ⅱ为预拆分：首先分别采用三种预拆分方法将 PDPSTSL 转变成 PDPST，然后采用 MS_VND Ⅰ 进行求解。

表 3-3 列出了 PDPSTSL 的相关求解方法的分类情况。

表 3-3　PDPSTSL 求解方法

拆分策略	求解方法	预拆分方法	核心算法
Ⅰ：过程拆分	Approcah Ⅰ	—	MS_VND Ⅱ
Ⅱ：预拆分	Approcah Ⅱ	Ⅰ：本书新方法	MS_VND Ⅰ
	Approcah Ⅲ	Ⅱ：20/10/5/1/x	
	Approcah Ⅳ	Ⅲ：25/10/5/1/x	

3.2.1　拆分策略Ⅰ：过程拆分

在拆分策略Ⅰ中，采用改造自 MS_VND Ⅰ 的 MS_VND Ⅱ 在邻域变换过程中对需求进行拆分。针对 PDPSTSL 的新特点，MS_VND Ⅱ 在 MS_VND Ⅰ 原有邻域（插入、K-扩散、点删除、路径删除和扰动）的基础上增加了拆分和 K-替换两种邻域变换方法，从而实现在过程中对需求进行拆分。

1. 邻域变换

Yin 等（2013）[92]采用四种邻域变换方法（Relocation，Exchange，2-Opt 和 Split-point/Re-position）求解了一种 PDPSL。Qiu 等（2018）[94]采用五种邻域变换方法（Intra-swap，Intra-reverse，Inter-reassignment，Inter-swap 和 Tail swap）求解了一种可离散拆分的 PDPSL。因为 PDPSTSL 的路径结构与传统 PDP 不同，所以，本章将采用七种邻域变换方法来优化路径方案。

（1）拆分。

如图 3-2 所示，在拆分（Split）中，从路径 j_1 中随机选择需求 $i(p_i\text{-}d_i)$ 插入新路径 j_2。如果车辆超载，则将需求 i 拆分出一部分（$p_i''\text{-}d_i''$）插入新路径使得新路径中的路段 $r_1\text{-}r_3$ 满载，并将超载部分（$p_i'\text{-}d_i'$）留在原路径。

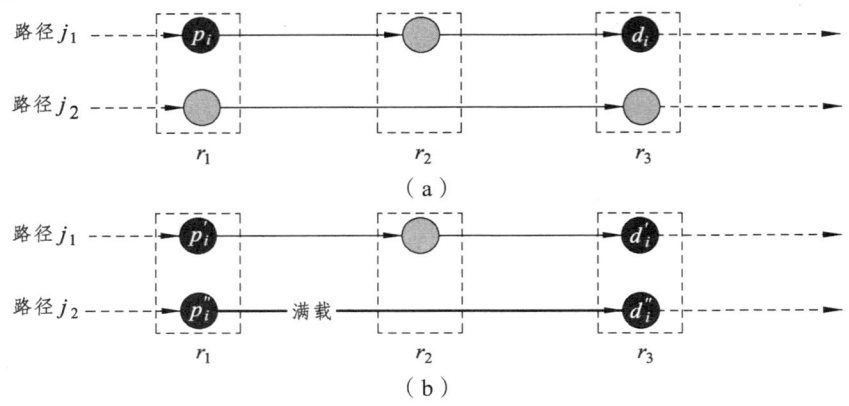

图 3-2　拆分中的路径构造

（2）插入。

如图 3-3 所示，在插入（Insert）中，随机选择需求 $i(p_i\text{-}d_i)$ 插入新路径 j_2，并确保新路径可行。

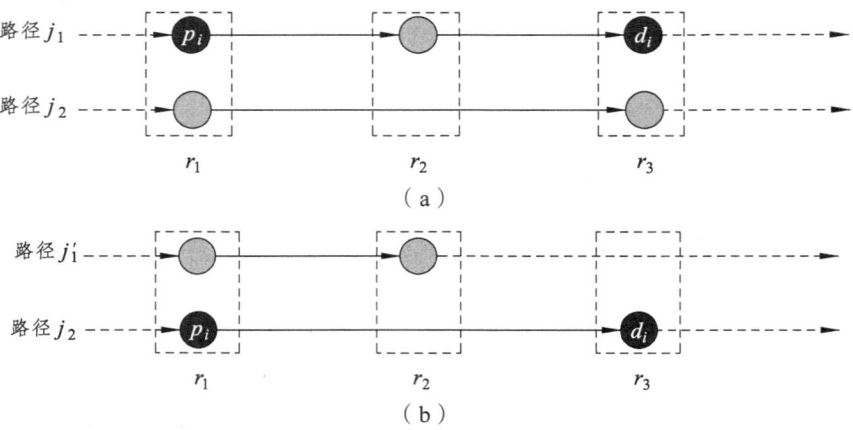

图 3-3　插入中的路径构造

（3）K-替换。

在 K-替换（K-replace）中，不断从路径 i 中随机选择需求插入其他路径，直到该操作的次数达到控制值 K 或方案被改进或仅剩 1 个需求在路径 i 上。然后不断从其他路径选取需求插入路径 i，直到该操作次数达到控制值 K 或方案被改进。

（4）K-扩散。

如图 3-4 所示，在 K-扩散（K-spread）中，首先选择一个需求 i_1（p_{i1}-d_{i1}）插入路径 j_2。如果新路径 j_2 超载，则继续从新路径 j_2 中选择需求 i_2（p_{i2}-d_{i2}）插入其他路径 j_3。依此循环执行直到新生成的路径不超载或邻域操作次数达到控制值 K。

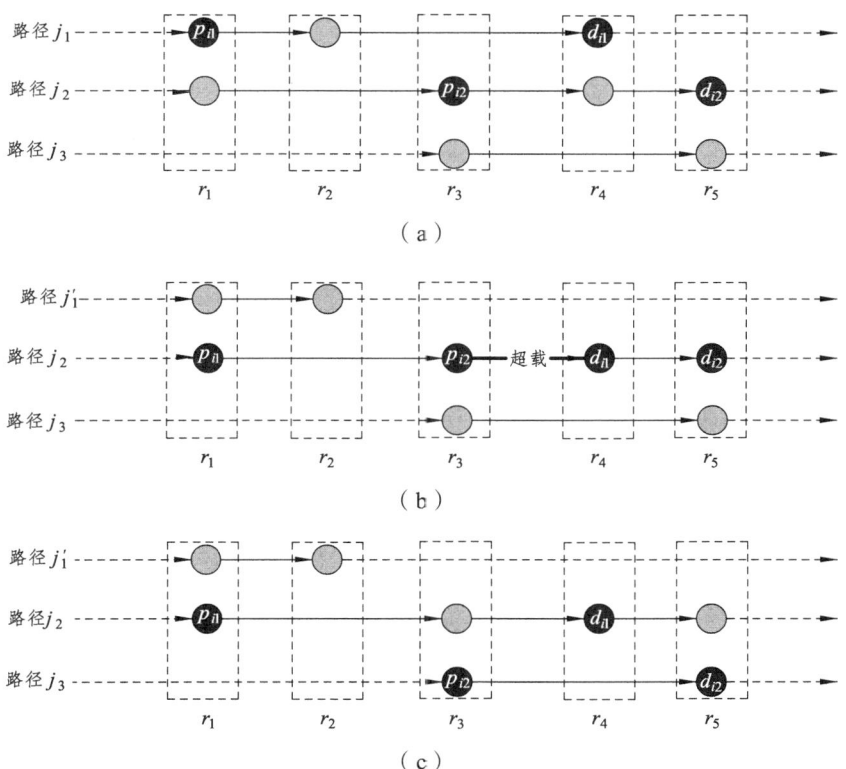

图 3-4　K-扩散中的路径构造

（5）点删除。

如图 3-5 所示，在点删除（Point-delete）中，随机选择一条路径 j_1 并寻找该路径上停留需求最少的点 r_4（为简明表示，图中未标出途经其他点的需求），将这些停留的需求（p_1-d_1，p_2-d_2）插入其他路径，直到该停站点被删除。

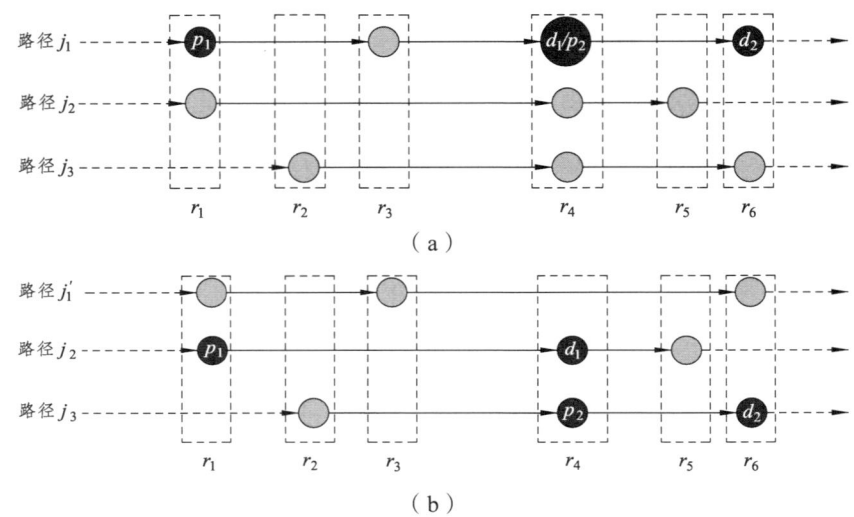

图 3-5　点删除中的路径构造

（6）路径删除。

在路径删除（Route-delete）中，选择最差的负收益路径，将其运载的需求转换为未被运输状态，进而删除路径。如果没有符合条件的路径，则转而执行点删除。

（7）扰动。

扰动（Perturbation）的核心是重新指派车辆（Reassign-vehicle）。在指派车辆过程中，通过将车辆合理地分配给不同的路径从而达到总收益最大化的目的。对重新指派车辆问题，可采用 Gurobi 求解。

虽然重新指派车辆可能大幅度地改进方案，但计算时间耗费较多。因此，为达到求解时间与效率的平衡，依概率 $pc(k)$（$k = 1, 2, 3, 4, 5, 6$ 和 7）选择拆分、插入、K-替换、K-扩散、点删除、路径删除和重新指派车辆作为扰动中的邻域操作方法,并将其中重新指派车辆的选择概率 $pc(7)$ 设置为较低值。

综上所述,选定拆分、插入、K-替换、K-扩散、点删除、路径删除和扰动为本章算法的七种不同邻域变换方法,在算法中分别设为 $opt(k)(k = 1,2,3,4,5,6$ 和 $7)$。

此外,上述邻域变换方法中,当某需求 i 插入新路径 j 时,还需判断新路径 j 中是否存在和需求 i 由同一需求拆分而来的需求。如有,则将两者合并,以免造成求解过程中需求越拆越多,影响算法求解效率。

2. 初始解生成方法

本章基于一种最大节约值的思路设计初始解生成方法,以保证初始解的质量。初始解的生成方法如算法 3-1 所示。

算法 3-1:初始解生成方法的伪码

01. 初始化:令 $P = \{1,\cdots,p\}$ 为需求的集合;$R = \{R_i \mid p_i\text{-}d_i\}(i \in P)$ 为路径集合;路径数为 $p_0 = p$;$i = 0$。

02. **while** $i < p_0$

03.   令 $k = 1$,计算路径 i 中的停站次数 m;

04.   令 $l(R_i(1), R_i(m))$ 为 R_i 的长度;

05.   **for** $j = i+1$ to p_0

06.   找到距离最大值 $\max\_l_j = \max\{l(R_i(1), R_i(m)), l(R_i(1), d_j), l(p_j, R_i(m)), l(p_j, d_j)\}$;

07.   计算 $Save_k = l(R_i(1), R_i(m)) + l(p_j, d_j) - \max\_l_j$;

08. $k = k+1$;

09.   **end for**

10. $Save = \{Save_k\}$;$kk = 0$;$Min\_Save = \min(\{Save_k\})-1$;

11.   **while** $kk < p_0-i$

12.   找出最大节省值 $Save_{index1} \in Save$;

13.   将需求 $index1$ 插入路径 R_i;

14.   **if** 插入成功
15.   更新 R_i，从 $Save$ 中删除 $Save_{index1}$，从 R 中删除 R_{index1}，$p_0 = p_0-1$；
16.   **else**
17.   令 $Save_{index1} = Min\_Save-1$；
18.   **end if**
19. $kk = kk+1$；
20.   **end while**
21. $i = i+1$；
22. **end while**
23. 采用 Reassign-vehicle 将车辆分配给路径。

其中：点 p_i 和 d_i 定义为需求 i 的取送点，$l(k,l)$ 定义为点 k 和 l 间的距离。生成初始解的算法思路是：首先将每个需求当作一条路径，从路径 1 开始分别计算将其他路径插入该路径时所能节省的最大距离（如不能成功插入，则不予考虑），将获得节约值最大的需求插入路径 1；依次对路径 2，3，4…进行如上操作，直到最后一条路径；采用"Reassign-vehicle"将车辆分配给路径，最终得到初始解。

3. 算法框架

本节拟设计的 MS_VND Ⅱ 针对 PDPSTSL 中的需求拆分等特点，增加了拆分和 K-替换两种邻域变换方法，在邻域变换过程中对需求进行拆分。其思路为：将初始解 s_i 复制生成多起点候选解集 $S = \{s_i\}$，采用 VND 改进每一个候选解，如所得解有改进，则直接替换更新。每一次循环后，如候选解中最好的解优于当前最好解，则更新当前最好解。在求解初期，以一定的概率将候选解集中最差的一部分解替换为当前最好解，以提升搜索效率。如最优解较长时间没有改进，则允许按一定的概率接受不太劣的解，以跳出局部搜索。此外，与常规 VND 对一个起点解进行多次邻域变换的局域搜索以扩大搜索深度不同，本算法中的 VND 在每次迭代中仅对各候选解执行一次邻域变换，以节省计算时间，达到扩大搜索广度的目的。

MS_VND Ⅱ 的伪码如算法 3-2 所示。

算法 3-2：MS_VND Ⅱ 的伪码

01. 初始化：令候选解集 $S = \{s_i\}$，$i = 1, 2, 3, \cdots, n$；$bestsofar\_s = \max\{s_i\}$；$opt(k)(k = 1, 2, 3, 4, 5, 6$ 和 $7)$ 为邻域变换方法：拆分、插入、K-替换、K-扩散、点删除、路径删除和扰动；$constant = 0$；$constant0 = 0$；$k = 1$。输入：邻域中的迭代次数控制值 K；邻域选择控制参数 T_0；最差解替换比例 pm；扰动中的邻域选择概率 $pc(1), pc(2), pc(3), pc(4), pc(5), pc(6)$ 和 $pc(7)$；解无改进算法终止总迭代次数 $constant\_T$。
02. **while** $constant < constant\_T$
03.   **for** $i = 1:n$
04.   **if** $constant0 < T_0$
05. $k = 1$；
06.   **else if** $T_0 \leq constant0 < T_0 * 2$
07. $k = 2$；
08.   **else if** $T_0 * 2 \leq constant0 < T_0 * 3$
09. $k = 3$；
10.   **else if** $T_0 * 3 \leq constant0 < T_0 * 4$
11. $k = 4$；
12.   **else if** $T_0 * 4 \leq constant0 < T_0 * 5$
13. $k = 5$；
14.   **else if** $T_0 * 5 \leq constant0 < T_0 * 6$
15. $k = 6$；
16.   **else**
17. $k = 7$；(Perturbation)
18.   **if** Perturbation 中选择了 Reassign-vehicle

19.				$constant0 = 0$;
20.			end if	
21.		end if		
22.	$s_i' \leftarrow opt(k, s_i)$;			
23.	if s_i' 不劣于 s_i			
24.		令 $s_i = s_i'$；更新 S;		
25.	else			
26.		if $constant > constant\_T/2$ 且 $f(s_i') - f(s_i) \geq -f(s_i)/2$		
27.			按 50%概率令 $s_i = s_i'$；更新 S;	
28.		end if		
29.	end if			
30.	end for			
31.	找出 S 中的最好解 $localbest\_s$;			
32.	if $localbest\_s$ 优于 $bestsofar\_s$			
33.		令 $bestsofar\_s = localbest\_s$；$constant = 0$；$constant0 = 0$;		
34.	else			
35.		令 $constant = constant + 1$；$constant0 = constant0 + 1$;		
36.	end if			
37.	if $constant \leq constant\_T/2$			
38.		将 S 中 pm 比例的最差解替换为 $bestsofar\_s$;		
39.	end if			
40.	end while			
41.	采用扰动中的 Reassign-vehicle 更新最优解中各路径的车辆分配方案。			

由于 PDPSTSL 的路径结构特殊，经测试发现，该问题在求解过程中的邻域变换成功率偏低。即使邻域变换成功使得路径方案产生改变，但由于重新指派车辆的选用概率较小，目标函数不容易经一两次邻域变换而改进。因此，该问题在算法求解过程中不宜直接采用目标函数作为引导搜索的评估值，而应当充分考虑超载情况的改善、未安排车辆的预组合路径方案收益的提高等因素对目标函数的潜在改进

作用。

经反复测试，确定算法求解过程中的评价值按式（3-24）计算：

$$s = (Z - z_1 \times M) \times (M/1000) + (z_0 - z_1 \times M) \quad (3-24)$$

其中：s——评价值；

Z——目标函数；

z_1——超载量和对应里程的乘积总和；

z_0——未安排车辆的预组合路径的总收益；

M——充分大的正罚值。

3.2.2 拆分策略Ⅱ：预拆分

在拆分策略Ⅱ中，通过提前拆分需求将 PDPSTSL 转换成 PDPST，然后采用 MS_VND Ⅰ求解。

1. 算例设计

（1）基础算例设计。

本书提出了 21 个 PDPSTSL 基础算例，格式为 m_0-n_0-p_1-p_2-p_3-H/L。其中 m_0-n_0 为算例连通图的规格，图中连接边按照概率 $1/p_1$ 删除，两点间按照概率 $1/p_2$ 生成需求，每点按照概率 $1/p_3$ 生成车辆。例如，在算例 3-4-10-3-1-H 中，算例连通图的规格为 3×4（12 个节点），每条连接边按概率 1/10 删除，任意两点间按概率 1/3 生成需求，每一点生成车辆的概率为 1/1，H 表示高收入成本比（单位运量收入与单位里程运输成本比值为 4），L 表示低收入成本比（单位运量收入与单位里程运输成本比值为 1）。连通图中两点间距离的取值范围为 0.5～1.5，且仅有一条最短路。车辆的运行里程上限设置为 $D = (m_0 + 1) \times 2$，停站次数上限设置为 $M_0 = (m_0 + 1) \times 2$，装载能力 Q 设置为 100。每个需求量的取值范围为 10～20，平均值为 15。21 个算例的详细数据可见附录 B 中的 PDPSTSL 基础算例。为验证不同路网规模、需求和车辆等的参数设置对算法求解效率的影响，设置以上算例时考虑了算例间以上参数的区分。

（2）基础算例的子算例设计。

Nowak 等（2009）[87]的研究发现，当平均需求量 q 为车辆装载能力 Q 的 51%~60% 时，拆分能使 PDP 节约 13% 的运输成本。此外，车辆数量 K 和需求数量 N 的比值对拆分效果也存在影响。因此，为进一步研究 PDPSTSL 的解的特征，可通过修改车辆装载能力和车辆数量的数值，将以上每个基础算例改造成若干子算例。例如，通过改造算例 3-4-10-3-1-H 中的 Q 值并且删除部分车辆，得到了 $Q/q = 4/3$ 且 $K/N = 1/7$ 时的新子算例 3-4-10-3-1-H-4/3×1/7。

2. PDPST 和 PDPSTSL 的解的对比

为初步研究 PDPSTSL 的解的特征，本节选择上述 21 个基础算例中的 9 个（需求个数 12~14）进行改造，然后采用 Gurobi 求解并对比两种模型的解。选用小规模算例的目的是采用精确算法能获得最优解，以初步比较拆分方案和不拆分方案的效果。本节研究所得结论将结合大规模算例和启发式算法进一步验证。

通过修改车辆装载能力 Q 和车辆数量 K，以上所选的 9 个基础算例中的每个子算例均衍生出 35 种不同参数设置类型（$Q/q \times K/N$）的子算例。表 3-4 为各子算例的设置和计算结果相关参数的定义。

表 3-4　各子算例的设置和计算结果相关参数的定义

参数	定义
Gap	$solution1(i)$，$solution2(i)$ 间的差值：$(solution1(i)-solution2(i))/solution1(i) \times 100\%$。其中，$solution1(i)$：允许拆分条件下参数设置类型 i 采用 Gurobi 获得 9 个基础算例平均解；$solution2(i)$：不允许拆分条件下参数设置类型 i 采用 Gurobi 获得 9 个基础算例平均解。$i = \{1,2,3,\cdots,35\}$ 表示参数设置类型。
Q	每类算例的车辆装载能力。
q	每类算例的平均需求量。
$\max(q)$	每类算例最大的需求量：$\max(q) = q \times 4/3$。
K	每类算例的车辆个数。
N	每类算例的需求个数。
Ratio	每类算例的 $(Q/q) \times (K/N)$ 值。

表 3-5 中列出了 35（类）×9（个/类）= 315 个子算例相关参数的平均测试结果，所有子算例均采用 Gurobi 计算并获得了最优解。

表 3-5　35 类子算例相关参数的平均测试结果

基础算例	子算例类型	$(Q/q)\times(K/N)$	Gap	$Q/\max(q)$	Ratio	Q/q	K/N
3-4-10-3-1-H, 3-4-10-5-1-H, 3-4-10-10-1-L, 6-8-10-50-1-L, 6-8-10-100-1-H, 6-8-10-200-1-H, 10-10-10-200-1-L, 10-10-10-200-1-H, 10-10-10-500-1-L	1	1×1/7	22.32%	0.75	0.14	1.00	0.14
	2	1×1/6	23.01%	0.75	0.17	1.00	0.17
	3	1×1/5	21.42%	0.75	0.20	1.00	0.20
	4	1×1/4	24.36%	0.75	0.25	1.00	0.25
	5	1×1/3	31.31%	0.75	0.33	1.00	0.33
	6	1×1/2	40.32%	0.75	0.50	1.00	0.50
	7	1×1	50.53%	0.75	1.00	1.00	1.00
	8	4/3×1/7	7.89%	1	0.19	1.33	0.14
	9	4/3×1/6	9.14%	1	0.22	1.33	0.17
	10	4/3×1/5	8.96%	1	0.27	1.33	0.20
	11	4/3×1/4	7.18%	1	0.33	1.33	0.25
	12	4/3×1/3	5.89%	1	0.44	1.33	0.33
	13	4/3×1/2	6.97%	1	0.67	1.33	0.50
	14	4/3×1	0.05%	1	1.33	1.33	1.00
	15	2×1/7	10.87%	1.5	0.29	2.00	0.14
	16	2×1/6	8.89%	1.5	0.33	2.00	0.17
	17	2×1/5	7.63%	1.5	0.40	2.00	0.20
	18	2×1/4	7.64%	1.5	0.50	2.00	0.25
	19	2×1/3	10.32%	1.5	0.67	2.00	0.33
	20	2×1/2	0.79%	1.5	1.00	2.00	0.50
	21	2×1	0.00%	1.5	2.00	2.00	1.00
	22	3×1/7	0.01%	2.25	0.43	3.00	0.14
	23	3×1/6	1.25%	2.25	0.50	3.00	0.17
	24	3×1/5	1.58%	2.25	0.60	3.00	0.20
	25	3×1/4	1.15%	2.25	0.75	3.00	0.25
	26	3×1/3	0.76%	2.25	1.00	3.00	0.33
	27	3×1/2	0.02%	2.25	1.50	3.00	0.50
	28	3×1	0.00%	2.25	3.00	3.00	1.00
	29	4×1/7	0.01%	3	0.57	4.00	0.14
	30	4×1/6	0.00%	3	0.67	4.00	0.17
	31	4×1/5	0.00%	3	0.80	4.00	0.20
	32	4×1/4	0.00%	3	1.00	4.00	0.25
	33	4×1/3	0.01%	3	1.33	4.00	0.33
	34	4×1/2	0.00%	3	2.00	4.00	0.50
	35	4×1	0.00%	3	4.00	4.00	1.00

根据上述 35 类 135 个子算例的实验结果可初步归纳 Gap 和算例相关参数的关系如下。

（1）Gap 和 $Q/\max(q)$。

从源自表 3-5 的图 3-6 可知，当 $Q < \max(q)$ 即 $Q/\max(q) < 1$ 时，PDPSTSL 的解远优于 PDPST 的解。一般而言，$Gap > 20\%$。而且随着 $Q/\max(q)$ 的增大，Gap 的值有越来越小的趋势，即 PDPSTSL 和 PDPST 的解的差异越来越小。如图 3-6 中的虚框所示，当最大需求量大于车辆装载能力时，应对其进行拆分。

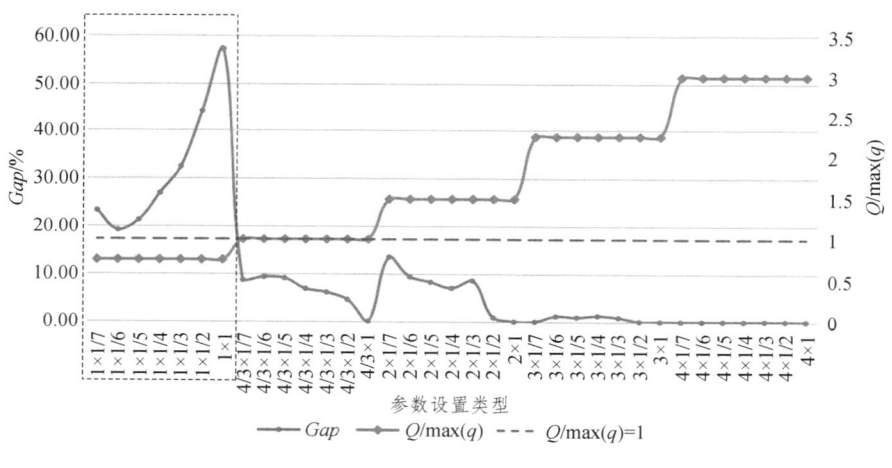

图 3-6　Gap 和 $Q/\max(q)$

（2）Gap 和 $Ratio$。

从源自表 3-5 的图 3-7 可知，当 $Q \geqslant \max(q)$ 且 $(Q/q)\times(K/N) \geqslant 1$ 时，PDPST 的解很接近 PDPSTSL 的解。一般而言，$Gap < 2\%$，如图 3-7 中的虚框所示。而且随着 $(Q/q)\times(K/N)$ 的增大，Gap 的值有越来越小的趋势，即 PDPSTSL 和 PDPST 的解的差异越来越小。

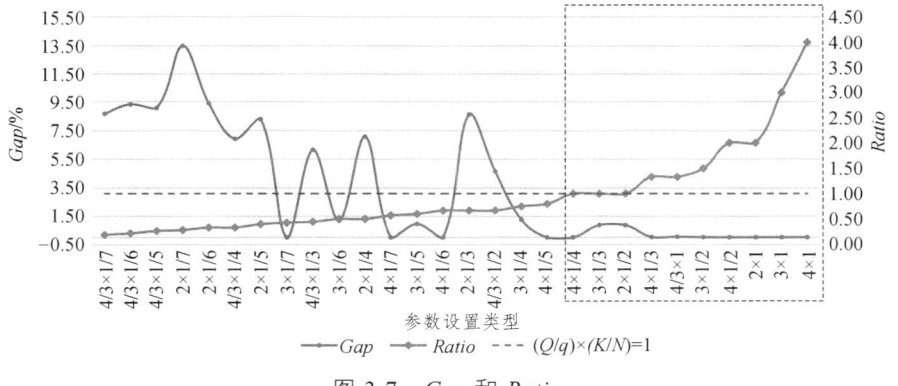

图 3-7　Gap 和 Ratio

（3）Gap 和 Q/q。

从源自表 3-5 的图 3-8 可知，当 $Q \geqslant \max(q)$ 且 $Q/q \geqslant 3$ 时，PDPST 的解很接近 PDPSTSL 的解。一般而言，$Gap < 2\%$，如图 3-8 中的虚框所示，而且随着 Q/q 的增大，Gap 的值有越来越小的趋势，即 PDPSTSL 和 PDPST 的解的差异越来越小。

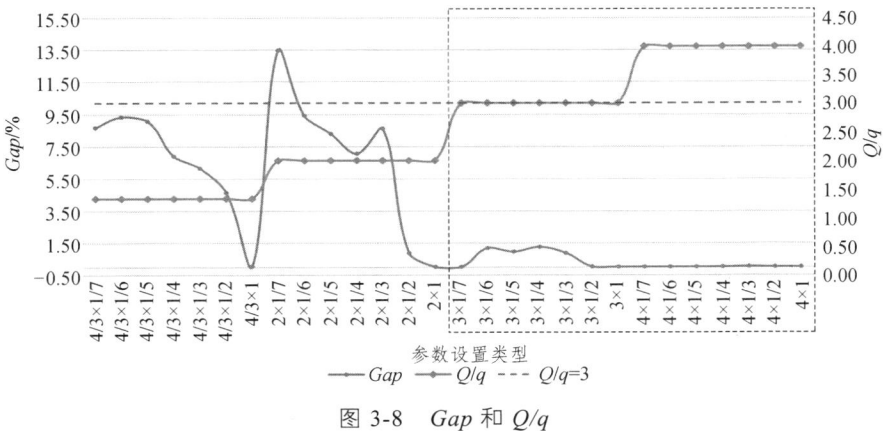

图 3-8　Gap 和 Q/q

从源自表 3-5 的图 3-9 可知，在 $Q \geqslant \max(q)$ 的例子中，一般当 $Q \geqslant \max(q)$ 且 $Q/q = 2$ 时，拆分效果最好，两种方案的平均差值达到最大，如图 3-9 中的虚框所示。

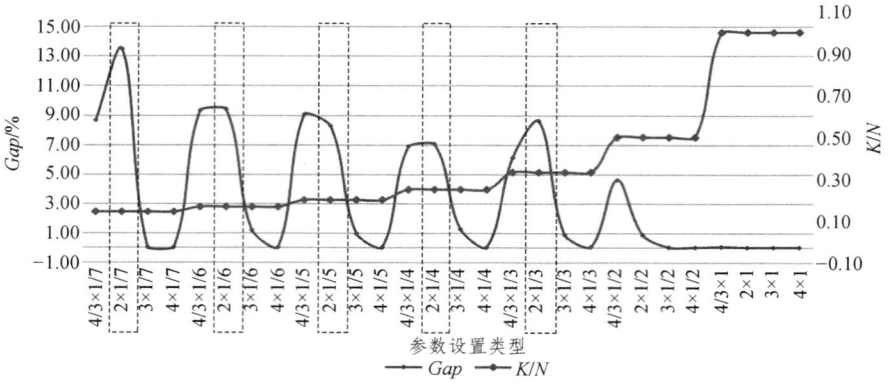

图 3-9 Gap 和 K/N

（4）Gap 和 K/N。

由图 3-9 还可知，随着 K/N 值的增加，Gap 值呈下降的趋势。

3. 拆分原则

根据 PDPSTSL 和 PDPST 的模型可知，通过拆分有机会获得更优的解但会使问题的求解过于复杂。因此，判定需求是否需要拆分尤为重要。显然，拆分与否涉及解的质量和求解时间的平衡。根据以上测试结果，在本章的研究中设定 PDPSTSL 和 PDPST 理论最优解的差值 $Gap<2\%$ 为是否拆分的判断标准。据此可初步提出 PDPSTSL 算例中的以下几点需求拆分原则：

拆分原则 1：大于车辆装载能力 Q 的需求必须拆分。

拆分原则 2：如果所有需求不大于车辆装载能力 Q，即 $\max(q) \leqslant Q$，当 $Ratio = (Q/q) \times (K/N) \geqslant 1$ 时，需求无须拆分。

拆分原则 3：当 $\max(q) \leqslant Q$ 且 $Ratio < 1$ 且 $Q/q \geqslant 3$ 时，需求无须拆分。

拆分原则 4：当 $\max(q) \leqslant Q$ 且 $Ratio < 1$ 且 $Q/q < 3$ 时，需求需逐步拆分至 $Q/q' \geqslant 3$。

4. 预拆分方法

求解 PDPSTSL 的关键在于决定是否需要拆分需求以及该如何拆分

需求。本章将分别采用三种方法对算例中的需求进行预拆分，进而将 PDPSTSL 转换成 PDPST，然后采用 MS_VND Ⅰ求解。其中，预拆分方法Ⅰ为本书根据上述拆分原则提出的新的预拆分方法，预拆分方法Ⅱ和Ⅲ为 Chen 等（2017）[15]和 Qiu 等（2018）[94]的研究中所采用的方法。

（1）预拆分方法Ⅰ（本书提出的预拆分方法）。

步骤 1：将大于车辆装载能力 Q 的需求拆分。如车辆装载能力 $Q = 100$，需求 $q = 205$，则将其拆成 $q_1 = 100$，$q_2 = 100$ 和 $q_3 = 5$。（拆分原则 1）

步骤 2：如果 $Ratio \geqslant 1.2$，转步骤 5。（拆分原则 2）

步骤 3：如果 $Q/q \geqslant 3.3$，转步骤 5。（拆分原则 3,4）

步骤 4：将最大需求平均拆为两份（如有必要，拆分后就近取整），转步骤 3。

步骤 5：需求预拆分结束。

$Ratio \geqslant 1$ 和 $Q/q \geqslant 3$ 分别改为 $Ratio \geqslant 1.2$ 和 $Q/q \geqslant 3.3$ 是为了适当提高该预拆分方法的求解质量。但该措施同时也将耗费更多的计算时间，而且随着以上两个值的增加，解的质量提升效果递减，因此，这两个值不宜过大。

（2）预拆分方法Ⅱ（20/10/5/1/x）。

每个需求按照 $0.20Q$, $0.10Q$, $0.05Q$ 和 $0.01Q$ 的比例拆分成若干个数值不同的新需求，其中 Q 为车辆装载能力。如 $Q = 300$，$q = 205$，则拆分 q 为：$q_1 = 60$，$q_2 = 60$，$q_3 = 60$，$q_4 = 15$，$q_5 = 3$，$q_6 = 3$，$q_7 = 3$ 和 $q_8 = 1$。

（3）预拆分方法Ⅲ（25/10/5/1/x）。

每个需求按照 $0.25Q$, $0.10Q$, $0.05Q$ 和 $0.01Q$ 的比例拆分成若干个数值不同的新需求，其中 Q 为车辆装载能力。如 $Q = 300$，$q = 205$，则拆分 q 为：$q_1 = 75$，$q_2 = 75$，$q_3 = 30$，$q_4 = 15$，$q_5 = 3$，$q_6 = 3$，$q_7 = 3$ 和 $q_8 = 1$。

5. 求解算法

在拆分策略Ⅱ中，经上述预拆分方法将需求预拆分之后，PDPSTSL算例可视作PDPST算例进行求解。为得到一个较好的初始解，先采用拆分策略Ⅰ中同样的方法生成该问题的一个初始解，进而采用MS_VND Ⅰ求解。

3.2.3 预计求解时间和求解质量分析

本章求解方法包括Gurobi（精确算法软件），Approcah Ⅰ（过程拆分+MS_VND Ⅱ），Approcah Ⅱ（预拆分方法I+MS_VND Ⅰ），Approcah Ⅲ（预拆分方法II+MS_VND Ⅰ）和Approcah Ⅳ（预拆分方法Ⅲ+MS_VND Ⅰ）。

1. 各种求解方法的预计求解时间分析

本章求解方法所涉及的计算工具或算法包括Gurobi，MS_VND Ⅰ和MS_VND Ⅱ。显然，对于需求数量较少的算例，以上几种计算工具或求解方法的求解时间相差不大。但对于需求数量较多的算例，Gurobi的求解时间将远多于启发式方法，甚至无法在有效的时间内得出算例的可行解。因此，在本节，不再将Gurobi的求解时间与启发式方法进行对比。

本章所采用的求解方法的核心算法MS_VND Ⅰ和MS_VND Ⅱ的计算终止条件为：最优解持续$constant\_T$次迭代无改进，则算法终止。在每个大循环内部设置n个起点候选解，通过变换邻域方法来改变搜索的邻域大小，每个起点解仅进行1次邻域变换操作。因此，以上两种算法的计算时间均与参数$constant\_T$、候选解个数n和拆分需求数有关（正相关）。此外，由于MS_VND Ⅱ中的邻域变换操作还需要进行需求的拆分和合并操作，这种操作对算法的计算时间也有一定的影响。表3-6列出了各种求解方法计算时间的影响因素。

表 3-6　各求解方法计算时间的影响因素

方法	算法	$constant\_T$	n	拆分操作	拆分后需求数
Approcah Ⅰ	MS_VND Ⅱ	√（↑）	√（↑）	√（↑）	不明确（↑）
Approcah Ⅱ	MS_VND Ⅰ	√（↑）	√（↑）		最少（↑）
Approcah Ⅲ					较多（↑）
Approcah Ⅳ					较多（↑）

根据上表中列出的各种求解方法计算时间的影响因素可初步预计：

（1）对于同等需求数量算例，MS_VND Ⅱ 的计算时间预计要多于 MS_VND Ⅰ。

（2）对于基于 MS_VND Ⅰ 的求解方法 Approcah Ⅱ、Approcah Ⅲ 和 Approcah Ⅳ，由于求解方法 Approcah Ⅱ 拆分的需求数量一般少于 Approcah Ⅲ 和 Approcah Ⅳ，因此，求解方法 Approcah Ⅱ 的求解时间预计少于后两者。

（3）本章所研究的 PDPSTSL 为新问题，求解方法 Approcah Ⅰ 所拆分的需求数量在算例计算实验前暂时无法确定，需求的拆分和合并操作所需的计算时间也不明确。

因此，求解方法 Approcah Ⅰ 和后面三种采用拆分策略 Ⅱ 的求解方法的计算时间长短有待下面算例实验后进一步对比验证。

2. 各种求解方法的预计求解质量分析

Gurobi 为精确算法软件，如计算时间和内存充足，所求得的解一般为最优解或者更接近最优解；Approcah Ⅰ 允许需求在求解过程中按需要拆分和合并需求，因此，所获得的解在理论上预计要优于后面三种求解方法所获得的解；Approcah Ⅱ 的思路是：在获得不太差解的前提下，尽量减少需求的拆分数量以节约求解时间，理论上预计在允许求解时间充足的前提下，该求解方法所得解不太可能优于其他四种求解方法，但在求解时间有所限制的实例应用中，该方法获得的解很有可能优于其他方法；Approcah Ⅲ 拆分的需求数略大于 Approcah Ⅳ，故预计 Approcah Ⅲ 所求得的解略优于 Approcah Ⅳ。

总之，如时间充足，Gurobi 算法所求得的解的质量最好；其余四种求解方法所获得的解的质量受需求拆分数量的影响较大。

以上各种求解方法的计算时间和解的质量的初步分析结果将在下面结合算例测试进一步验证。

3.3 算例设计及测试分析

3.3.1 算例设计和核心算法参数设置

1. 算例设计

本节采用上文中的 21 个基础算例来测试所研究的理论。算例的路网规模分别为[3×4, 6×8, 10×10]，下文分别称为小、中、大规模路网。需求数量范围为[12,188]，需求量的取值范围为[10,20]，每个算例中的平均需求量为 15。为更好地对比两种拆分策略的效果，本节将采用第 3.2.2 节中的算例设计方法，通过设置车辆装载能力 Q 和车辆数量 K，将每个基础算例改造成三种 PDPSTSL 和 PDPST 的解差距较大的子算例：$Q/q = 2$ 且 $K/N = 1/2$ 的子算例，$Q/q = 2$ 且 $K/N = 1/4$ 的子算例和 $Q/q = 3$ 且 $K/N = 1/4$ 的子算例。这些子算例均满足 $(Q/q) \times (K/N) \leqslant 1$ 且 $Q/q \leqslant 3$。由此，生成了 63 个子算例供测试，子算例的详细数据见附录 B 中的 PDPSTSL 子算例。算例中设置了不同路网规模、需求和车辆等的参数，以验证这些参数对算法求解效率的影响。路网上任意两点间只存在一条最短路径。本节算例中路网节点间最短路均采用 Dijkstra 算法。

2. 计算环境

采用 Matlab R2015b+Yalmip 工具箱+Gurobi 7.5.2 对算法进行编码，计算设备的配置如下：Intel（R）Core（TM）i7-4510U 2.00 GH Processor +8 GB RAM，64-bit Windows 8。

3. 核心算法参数设置

经初步核算发现，以上 63 个子算例采用三种预拆分方法进行需求预拆分后需求数量均不大于230。因此，拆分策略 Ⅱ 中 MS_VND Ⅰ 的相关参数（$n, constant\_T, T_0, K, pm$）可直接采用与文献[4]的研究中相同的设置，该文献中算例的需求数量最大为236。

此外，因算法效率对比需要，拆分策略 Ⅰ 中 MS_VND Ⅱ 的相关参数（$n, constant\_T, T_0, K, pm$）也取和 MS_VND Ⅰ 相同的值。MS_VND Ⅱ 中的邻域选择顺序 $opt(k)$ 和扰动中的邻域选择概率 $pc(k)$ 的确定过程可见附录C。表 3-7 列出了 MS_VND Ⅰ 和 MS_VND Ⅱ 中的参数取值。

表 3-7 两种 MS_VND 中的参数设置

符号	含义	值
n	候选解集的规模	90
$constant\_T$	解无改进算法终止总迭代次数	$constant\_T$ = exp(-20/(2+num_pd_pairs))×700，其中，num_pd-$pairs$ 是拆分前的需求数量
T_0	邻域选择控制参数	20
K	邻域内部迭代次数控制参数	3
pm	最差解的替换比例	1/8
$pc(k)$	扰动中的邻域选择概率	MS_VND Ⅰ：插入、K-扩散、点删除、路径删除和重新指派车辆的选择概率分别为 9/24, 7/24, 1/24, 1/24 和 6/24；MS_VND Ⅱ：拆分、插入、K-替换、K-扩散、点删除、路径删除和重新指派车辆的选择概率分别为 6/35, 7/35, 10/35, 4/35, 1/35, 1/35 和 6/35
$opt(k)$	邻域选择顺序	MS_VND Ⅰ：插入、K-扩散、点删除、路径删除和扰动；MS_VND Ⅱ：拆分、插入、K-替换、K-扩散、点删除、路径删除和扰动

3.3.2 测试结果及分析

表 3-8 列出了 PDPSTSL 算例试验结果中相关指标的含义。

表 3-8 PDPSTSL 算例试验结果中相关指标含义

缩写	含义
UB	Gurobi 获得的解上界
LB	Gurobi 获得的当前最优解
LB_A	Approach Ⅰ，Approach Ⅱ，Approach Ⅲ和 Approach Ⅳ获得的平均可行解
LB_B	Approach Ⅰ，Approach Ⅱ，Approach Ⅲ和 Approach Ⅳ获得的最优可行解
Gap	LB 和 UB 间的差值：$Gap = (UB - LB)/LB$（%）
Gap_A	LB_A 和 LB 间的差值：$Gap\_A = (LB - LB\_A)/LB$（%）
Gap_B	LB_B 和 LB 间的差值：$Gap\_B = (LB - LB\_B)/LB$（%）
S	各种求解方法拆分后的需求数。
Time	求解方法的平均计算时间（s）

每个子算例均分别采用以上四种求解方法计算了十次以获得稳定平均值和较优当前最优解。为获得尽可能好的解与以上四种求解方法对比，Gurobi 的计算终止条件设置为：获得最好解或者 $Gap<5\%$ 或者计算时间大于 1600 s。表 3-9、表 3-10 和表 3-11 分别为小、中、大路网节点规模连通图中子算例的计算结果。由于 Gurobi 未能求得部分算例的可行解，故相关表格中未列出其采用 Gurobi 计算的结果。

根据以上计算结果可知：

（1）在 PDPSTSL 中，预拆分后的需求数和启发式方法的计算时间有较强的关联性。如图 3-10 所示，在设置保持同样算法终止总迭代次数的条件下，Approach Ⅲ 和 Approach Ⅳ 耗费的平均时间是 Approach Ⅱ 的 2~3 倍，因为 Approach Ⅲ 和 Approach Ⅳ 预拆分后的平均需求数是 Approach Ⅱ 的 2~3 倍。另外，虽然最后统计 Approach Ⅰ 的平均需求拆分数较小（45.2 个），但这并不能体现该方法在计算过程中需求的拆分次数，因为 Approach Ⅰ 的核心算法中存在合并需求的情况，与其他三种求解方法的核心算法不同。图 3-10 中的结果也表明，虽然 Approach Ⅰ 最终统计的平均需求拆分数较小，但其求解时间并不短。

表 3-9 小规模路网 PDPSTSL 算例求解结果

需求可拆分的最短路径运输取送路径问题研究

表 3-10 中规模路网 PDPSTSL 算例求解结果

算例	(Q/q) ×(K/N)	需车 求数 辆数	Gurobi				拆分策略 I Approach I						拆分策略 II (本书的预拆分方法) Approach II						拆分策略 III (20/10/5/1/x) Approach III						拆分策略 IV (25/10/5/1/x) Approach IV					
			UB	LB	Gap	Time	LB_A	LB_B	Gap_A	Gap_B	S	Time	LB_A	LB_B	Gap_A	Gap_B	S	Time	LB_A	LB_B	Gap_A	Gap_B	S	Time	LB_A	LB_B	Gap_A	Gap_B	S	Time
6-8-10-200-1-L	2×1/2	14 7	5460	5460	0.00%	2	5460	5460	0.00%	0.00%	14	89	5460	5460	0.00%	0.00%	34	5460	5460	0.00%	0.00%	46	5460	5460	0.00%	0.00%	67	45
6-8-10-200-1-L	2×1/4	14 4	3561	3561	0.00%	1	3561	3561	0.00%	0.00%	14	51	3561	3561	0.00%	0.00%	18	3515	3561	1.30%	0.00%	32	3538	3561	0.65%	0.00%	67	30
6-8-10-200-1-L	3×1/4	14 4	3561	3561	0.00%	1	3561	3561	0.00%	0.00%	14	45	3561	3561	0.00%	0.00%	15	3515	3561	1.30%	0.00%	30	3561	3561	0.00%	0.00%	70	31
6-8-10-200-1-H	2×1/2	15 8	30282	30282	0.00%	12	29469	30282	2.69%	0.00%	17	79	26432	26432	12.71%	12.71%	28	29407	30087	2.89%	0.64%	76	28090	28933	7.24%	4.46%	69	48
6-8-10-200-1-H	2×1/4	15 4	18283	18283	0.00%	11	18141	18283	0.78%	0.00%	17	74	16700	16700	8.66%	8.66%	21	17479	17479	4.40%	4.40%	76	16925	17570	7.43%	3.90%	69	37
6-8-10-200-1-H	3×1/4	15 4	18857	18857	0.00%	11	18857	18857	0.00%	0.00%	15	77	18857	18857	0.00%	0.00%	12	18857	18857	0.00%	0.00%	74	18857	18857	0.00%	0.00%	68	18
6-8-10-100-1-L	2×1/2	19 10	6672	6672	0.00%	2	6635	6672	0.55%	0.00%	19	117	6653	6672	0.29%	0.00%	28	6614	6614	0.87%	0.87%	90	6614	6614	0.87%	0.87%	85	24
6-8-10-100-1-L	2×1/4	19 5	3965	3965	0.00%	1	3965	3965	0.00%	0.00%	19	93	3965	3965	0.00%	0.00%	26	3965	3965	0.00%	0.00%	90	3965	3965	0.00%	0.00%	85	33
6-8-10-100-1-L	3×1/4	19 5	3965	3965	0.00%	1	3965	3965	0.00%	0.00%	19	99	3965	3965	0.00%	0.00%	17	3965	3965	0.00%	0.00%	89	3965	3965	0.00%	0.00%	82	29
6-8-10-100-1-H	2×1/2	20 10	34875	34875	0.00%	2	34875	34875	0.00%	0.00%	21	102	34875	34875	0.00%	0.00%	18	34875	34875	0.00%	0.00%	102	34875	34875	0.00%	0.00%	101	29
6-8-10-100-1-H	2×1/4	20 5	20316	20316	0.00%	1	20316	20316	0.00%	0.00%	21	116	20237	20237	0.39%	0.39%	18	20237	20237	0.39%	0.39%	102	20237	20237	0.39%	0.39%	101	32
6-8-10-100-1-H	3×1/4	20 5	20367	20367	0.00%	1	20367	20367	0.00%	0.00%	20	113	20367	20367	0.00%	0.00%	17	20367	20367	0.00%	0.00%	99	20367	20367	0.00%	0.00%	93	32
6-8-10-50-1-L	2×1/2	42 21	16264	16252	0.07%	530	16232	16235	0.13%	0.11%	43	202	16234	16239	0.11%	0.08%	69	16013	16221	1.47%	0.19%	188	15841	15954	2.53%	1.83%	188	114
6-8-10-50-1-L	2×1/4	42 11	11316	10885	3.96%	641	10876	10910	0.08%	-0.23%	47	210	10632	10793	2.32%	0.84%	69	10490	10562	3.63%	2.96%	188	10479	10688	3.73%	1.81%	188	230
6-8-10-50-1-L	3×1/4	42 11	11111	11171	0.00%	537	11171	11171	0.00%	0.00%	48	213	11171	11171	0.00%	0.00%	46	10913	10956	2.31%	1.92%	214	10899	10946	2.44%	2.01%	199	205
6-8-10-50-1-H	2×1/2	44 22	75888	73049	3.89%	1131	73200	73200	-0.21%	-0.21%	45	244	72913	72926	0.19%	0.17%	73	72886	72891	0.22%	0.22%	213	72911	73189	0.19%	-0.19%	206	88
6-8-10-50-1-H	2×1/4	44 11	50327	46551	8.11%	1625	45261	45271	2.77%	2.75%	45	160	43224	44926	7.15%	3.49%	73	45082	45503	5.93%	4.30%	213	45082	45503	3.16%	2.25%	206	238
6-8-10-50-1-H	3×1/4	44 11	49658	49658	0.00%	171	49652	49658	0.01%	0.00%	46	194	49344	47388	7.50%	4.57%	49	48363	49370	2.61%	0.58%	222	48137	48476	3.06%	2.38%	220	125
6-8-10-25-1-L	2×1/2	94 47	53453	47906	11.58%	1632	46519	46636	2.89%	2.65%	100	629	45234	45514	5.58%	4.99%	162	45977	46367	4.03%	3.21%	484	45742	46068	4.52%	3.84%	459	781
6-8-10-25-1-L	2×1/4	94 24	37062	29201	26.92%	1663	30014	30551	-2.78%	-4.62%	110	1016	28857	29001	1.18%	0.68%	162	30220	30399	-3.49%	-4.10%	484	29842	30329	-2.20%	-3.86%	459	777
6-8-10-25-1-L	3×1/4	94 24	39734	35785	11.04%	1680	35513	35652	0.76%	0.37%	96	426	34085	34456	4.75%	3.71%	108	33893	34210	5.29%	4.40%	471	34258	34628	4.27%	3.23%	468	822
平均值			24526	23363	3.12%	459	23220	23307	0.40%	0.04%	38	207	22520	22717	2.42%	1.92%	54	22895	23074	1.58%	0.95%	176	22840	23035	1.98%	1.21%	169	194

表 3-11 大规模路网 PDPSTSL 算例求解结果

算例	(Q/q) ×(K/N)	需求数	车辆数	Gurobi UB	Gurobi LB	Gurobi Gap	拆分策略 I Approach I LB_A	LB_B	Gap_A	Gap_B	S	Time	拆分策略 II Approach II (本书所提方法) LB_A	LB_B	Gap_A	Gap_B	S	Time	拆分策略 II Approach III (20/10/5/1/x) LB_A	LB_B	Gap_A	Gap_B	S	Time	拆分策略 II Approach IV (25/10/5/1/x) LB_A	LB_B	Gap_A	Gap_B	S	Time
10-10-10-1000-1-L	2×1/2	9	5	6095	6095	0.00%	5808	6095	-4.70%	0.00%	10	3	5654	5734	-7.23%	-5.92%	15	4	5675	6035	-6.89%	-0.98%	10	5585	5764	-8.37%	-5.43%	46	9
10-10-10-1000-1-L	2×1/4	9	2	3648	3648	0.00%	3648	3648	0.00%	0.00%	10	1	3287	3287	9.90%	9.90%	15	7	3628	3648	0.55%	0.00%	9	3648	3648	0.00%	0.00%	46	9
10-10-10-1000-1-L	3×1/4	9	2	3768	3768	0.00%	3768	3768	0.00%	0.00%	9	1	3768	3768	0.00%	0.00%	10	6	3768	3768	0.00%	0.00%	9	3768	3768	0.00%	0.00%	50	8
10-10-10-1000-1-H	2×1/2	11	6	28290	28290	0.00%	28188	28290	0.36%	0.00%	11	2	28188	28290	0.36%	0.00%	18	12	27985	27985	1.08%	1.08%	17	27985	27985	1.08%	1.08%	55	18
10-10-10-1000-1-H	2×1/4	11	3	16380	16380	0.00%	16380	16380	0.00%	0.00%	11	2	16380	16380	0.00%	0.00%	18	18	16125	16380	1.56%	0.00%	23	16380	16380	0.00%	0.00%	55	18
10-10-10-1000-1-H	3×1/4	11	3	16380	16380	0.00%	16380	16380	0.00%	0.00%	11	2	16380	16380	0.00%	0.00%	12	18	16380	16380	0.00%	0.00%	24	15616	15616	4.66%	4.66%	48	20
10-10-10-500-1-L	2×1/2	20	10	11204	11204	0.00%	11204	11204	0.00%	0.00%	20	3	11114	11114	0.80%	0.80%	37	22	11204	11204	0.00%	0.00%	42	11137	11137	0.60%	0.60%	100	42
10-10-10-500-1-L	2×1/4	20	5	6678	6678	0.00%	6678	6678	0.00%	0.00%	21	3	6588	6588	1.35%	1.35%	37	26	6678	6678	0.00%	0.00%	59	6560	6610	1.76%	1.02%	100	48
10-10-10-500-1-L	3×1/4	20	5	6948	6948	0.00%	6948	6948	0.00%	0.00%	20	1	6948	6948	0.00%	0.00%	25	31	6948	6948	0.00%	0.00%	73	6948	6948	0.00%	0.00%	106	63
10-10-10-500-1-H	2×1/2	13	7	34551	34551	0.00%	34551	34551	0.00%	0.00%	14	2	33104	33131	4.19%	4.11%	23	18	34708	34708	-0.46%	-0.46%	10	34108	34108	-0.46%	-0.46%	61	10
10-10-10-500-1-H	2×1/4	13	3	18266	18266	0.00%	17256	17256	5.53%	5.53%	13	2	17256	17256	5.53%	5.53%	23	14	17256	17256	5.53%	5.53%	15	17256	17256	5.53%	5.53%	61	15
10-10-10-500-1-H	3×1/4	13	3	18424	18424	0.00%	18424	18424	0.00%	0.00%	13	2	18424	18424	0.00%	0.00%	15	12	18424	18424	0.00%	0.00%	14	18424	18424	0.00%	0.00%	62	13
10-10-10-200-1-L	2×1/2	44	22	27930	27577	1.28%	27331	27368	0.89%	0.76%	46	1459	26681	26957	3.25%	2.25%	76	133	26940	27309	2.31%	0.97%	207	27124	27301	1.64%	1.00%	232	211
10-10-10-200-1-L	2×1/4	44	11	17615	17615	0.00%	17538	17585	0.44%	0.17%	47	936	16555	16801	6.02%	4.62%	76	186	17159	17443	2.59%	0.97%	333	17140	17485	2.70%	0.74%	232	356
10-10-10-200-1-L	3×1/4	44	11	17782	17782	0.00%	17782	17782	0.00%	0.00%	44	577	17782	17782	0.00%	0.00%	51	54	17491	17782	1.64%	0.00%	271	17658	17782	0.70%	0.00%	216	249
10-10-10-200-1-H	2×1/2	49	25	135576	133053	1.90%	1051 129898	131508	2.37%	1.16%	51	355	128183	130061	3.66%	2.25%	82	188	128923	129329	3.10%	2.80%	276	129052	131179	3.01%	1.41%	236	281
10-10-10-200-1-H	2×1/4	49	12	84652	79640	6.29%	1602 78671	79401	1.22%	0.30%	53	311	76878	77342	3.47%	2.89%	82	232	76257	77384	4.25%	2.83%	328	76419	76777	4.04%	3.60%	236	330
10-10-10-200-1-H	3×1/4	49	12	89103	84092	5.96%	1659 84046	84092	0.05%	0.00%	50	171	81533	83247	3.04%	1.01%	55	104	80616	80702	4.13%	4.03%	340	82205	82707	2.24%	1.65%	250	383
10-10-10-50-1-L	2×1/2	188	94	-	-	-	-129291 129447		0.89%	0.76%	191		1630 127462 128479				318	631	127327 127865				-	126702 128064				-908	2135
10-10-10-50-1-L	2×1/4	188	47	-	-	-	-87290 88099				213		3924 82048 82633				318	1390	81355 81455				-	82838 83892				-908	2670
10-10-10-50-1-L	3×1/4	188	47	-	-	-	97892 98486				189		3012 95913 96268				212	945	90209 90443				-	90529 90958				-923	2720
平均值				30183	29466	0.86%	407 39951	40161	0.34%	0.44%	50		510 39054 39375	1.91%	1.60%	72	193	38812 39006	1.08%	0.93%	240	499	38937 39257	1.89%	1.41%	235	563

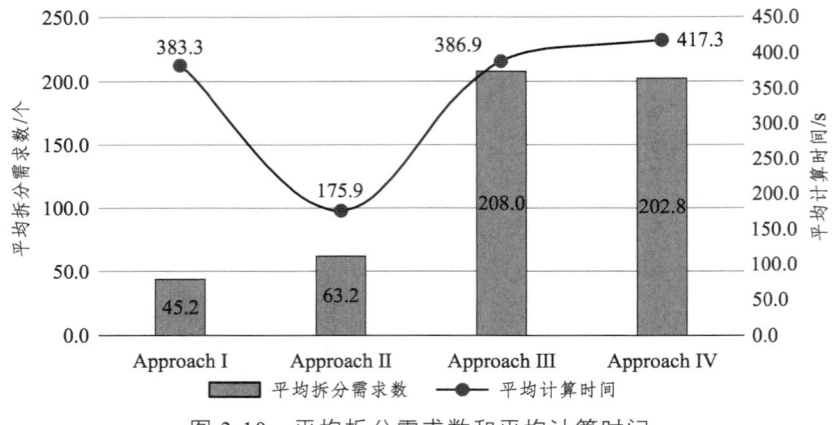

图 3-10 平均拆分需求数和平均计算时间

（2）四种启发式方法 Approach Ⅰ，Approach Ⅱ，Approach Ⅲ 和 Approach Ⅳ 均能获得和 Gurobi 接近的解（大部分情况下，差距 Gap_A 和 Gap_B 的值均在5%以内），且所耗费的计算时间远小于 Gurobi（见表 3-9、表 3-10 和表 3-11）。其中 Approach Ⅰ 获得的解的质量要好于其他三种启发式方法，与 Gurobi 求得的最优解的差距最小。如图 3-11 所示，大多数情况下，四种启发式求解方法所得解与 Gurobi 所得解的差距的值均小于5%。

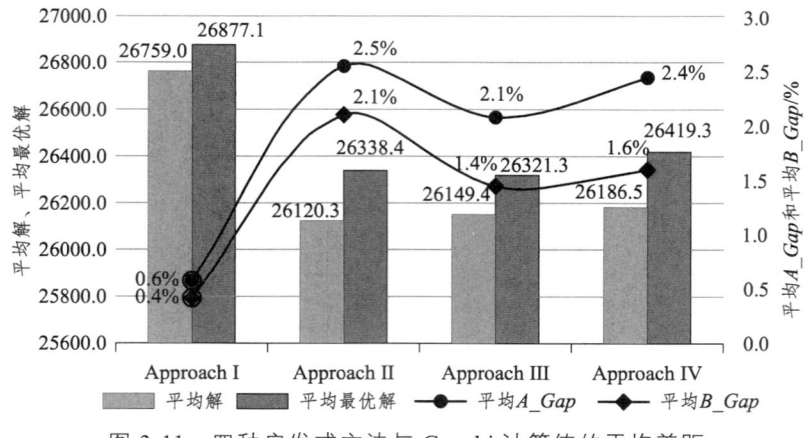

图 3-11 四种启发式方法与 Gurobi 计算值的平均差距

（3）Approach Ⅱ通常能在更短的时间内获得和其他三种启发式方法同样好的解，即 Approach Ⅱ 在时效性方面要远优于其他三种启发式方法。如图 3-12 所示，Approach Ⅱ 的平均时效性（平均解/平均计算时间）为其他三种启发式方法的两倍以上，而平均计算时间不到其他三种方法的一半。

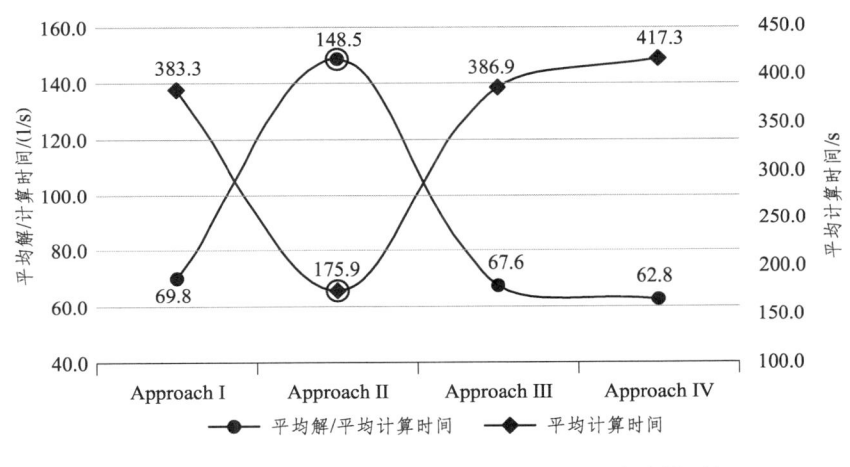

图 3-12　四种启发式方法的平均时效性和平均计算时间

总体而言，如计算时间允许，作为精确算法软件的 Gurobi 所获得的解要优于启发式方法；以 Gurobi 的求解结果为参照，四种启发式求解方法对 PDPSTSL 算例的求解时间要少于精确算法，且所求的解与 Gurobi 所得的精确解的差距很小；Approach Ⅱ 能在相对较短时间内获得 PDPSTSL 比较满意的解，求解时效性最强；Approach Ⅰ 获得的解的质量要好于其他三种启发式方法，但耗费的计算时间多于 Approach Ⅱ；Approach Ⅲ 和 Approach Ⅳ 的求解时效性相对偏弱。以上实验结果再次验证了第 3.2.3 节关于各种求解方法求解时间和求解质量的相关分析结论，同时也表明，对于 PDPSTSL，在同样的求解方法和计算设备条件下，需求的拆分不一定越细致越好，找到一个合理的需求拆分规则更重要。实验结果同时表明，本书提出的需求拆分理论及求解方法用于求解 63 个 PDPSTSL 子算例是有效的。

3.4 小　结

本章提出了一种新的 PDP——需求可拆分的 PDPST（PDPSTSL）。该问题源自实际路网中旅客出行需求可拆分且要求按最短路运输的运输组织问题，采用了一种新的基于连通图中需求/车辆和需求间连接关系的方式进行建模，继而提出了两类需求拆分策略及其对应的四种求解方法用于求解该类问题，并设计了七种邻域变换方法和多起点可变邻域下降算法（MS_VND）作为求解方法的核心算法。对比 63 个子算例的求解结果发现：四种求解方法均能获得与 Gurobi 这一精确算法软件相近的解；Approach Ⅰ（过程拆分+MS_VND Ⅱ）能在耗费比 Approach Ⅱ（预拆分方法 I+MS_VND Ⅰ）长的计算时间内获得稍优于其他三种求解方法所获得的解；Approach Ⅱ 在求解时效性方面尤为出色，而且所获解的质量与 Approach Ⅰ 相差不大，这对于求解时效性要求较强的路网型运输组织实际问题尤为重要。

总体而言，本章所研究的 PDPSTSL 相关理论是全书研究的主要基础，针对该问题所设计的求解方法较好地完成了 PDPSTSL 算例的求解任务，为后续对 PDPSTSL 理论及应用问题的拓展研究打下了较好的基础。

第 4 章

带时间窗的 PDPST 研究

许多实际运输问题中的需求均具有出行时间窗的要求，因此，本章将针对一种带时间窗的 PDPST（PDPSTTW）进行研究。首先，建立该问题的非线性整数规划模型并将其线性化；其次，从路径结构、时间窗和装载力的角度研究其路径可行判断规则，以提高邻域变换的成功率；最后，设计一种新的结合路径可行判断规则的多起点自适应邻域搜索算法用于求解该问题，并与 Gurobi 的求解结果进行比较。相关研究成果拟作为后续需求可拆分且带时间窗的 PDPST 理论和案例研究的基础。

4.1　问题描述及建模

4.1.1　问题背景及描述

1. 问题背景

近年来，随着交通基础设施的逐步完善和居民收入水平的不断提高，乘客对出行品质的要求也逐渐提高，移动通信技术的快速发展带来的交通信息的快速交流也使得为乘客提供高水平的运输服务成为可能。乘客出行对品质的要求包括如下两点：

（1）乘客要求按最短路（包括路程最短或时间最短或成本最低等）出行[121]。

（2）乘客有出行时间窗要求。

乘客的这两种要求在以往运输组织调度中考虑得比较少，如在网约车拼车调度问题的实际应用中或多或少地存在车辆绕路情况；预约拼车时对乘客出行时间窗要求的考虑并不多，实时动态的网约车调度方案中对时间窗要求的考虑就更少。因此，根据上述应用问题提炼的带时间窗的 PDPST 具有较高的研究价值，下面就该问题展开研究，以丰富 PDP 研究的理论体系，为相关实际应用问题的求解提供理论参考和支持。

2. 问题描述

在连通图 $G = (V, E)$ 中，$V = \{1,\cdots,n\}$ 表示顶点集合，$E = \{1,\cdots,e\}$ 表

示边集合，需求集合记为 $P=\{1,\cdots,p\}$，车辆集合记为 $K=\{1,\cdots,m\}$。需求 i 的需求量记为 q_i，单位需求量的收益记为 π_i，车辆 $k\in K$ 的装载能力记为 Q^k，车辆的固定使用成本记为 vc^k，车辆单位里程的运行成本记为 tc^k，车辆在站点 n 的停站成本记为 sc_n^k。需求 i 取送点间的距离记为 d_i，取送点的服务时间记为 s_i，从起点随车辆 k 运行到送点所需时间记为 $t_{i,i+p}^k$，在取点服务的时间窗记为 $[a_i, b_i]$，在送点服务的时间窗记为 $[a_{i+p}, b_{i+p}]$，其中 $a_{i+p}=a_i+s_i+t_{i,i+p}^k$ 且 $b_{i+p}=b_i+s_i+t_{i,i+p}^k$。每辆车必须在所承载旅客要求的时间窗内进行服务。为表述取送点的时间窗之间的关系，定义 $P_1=\{1,\cdots,p\}$ 为需求取点的集合，定义 $P_2=\{p+1,\cdots,2p\}$ 为需求送点的集合，两者不属于实际连通图中的节点集合 V。

该问题还需满足以下要求：

（1）需求必须根据客户的时间窗要求沿着最短路运输且不允许拆分。允许同一车辆同时取送不同需求。

（2）车辆有各自的初始位置。接受任务后，从第一个取点开始，车辆的运行路线要求为一条不重复访问任一站点的路径（Path）。车辆完成所有运输任务后不用回到其初始位置，运行路线是开放式的。

（3）车辆不能超载。从第一个取点开始统计，车辆运行里程不能超过 D，停站次数不能超过 M_0。

（4）车辆的成本总和由固定使用成本总和、运行成本总和、停站成本总和组成。

（5）为了实现效益最大化，允许需求不被运输的情况存在。

（6）连通图中的任意两点之间只有唯一最短路。

该问题的优化目标为通过合理安排车辆路径以实现收益最大化。

本节的 PDPSTTW 与上章的 PDPSTSL 均为 PDPST 的拓展子问题，两者的不同之处在于：PDPSTTW 需考虑时间窗，PDPSTSL 允许需求拆分。虽然以上两种问题的描述形式差别不大，但两者解空间的特性差别较大，应用情形也不相同，需要重新研究其模型并设计其求解算法。

4.1.2 数学模型及其线性化

1. 数学模型

本章模型所涉及的相关符号的含义详见书前"符号说明"部分。其中 $lc_{i,j}$, $ct_{i,j}$ 和 $ca_{i,j}$ 的确定方法详见附录 A，$ord_{i,j}$ 的取值可参考第 4.1.3 节中表 4-1 的确定。其余参数的含义比较简明，可根据不同算例直接得出。

PDPSTTW 具有和第 2.5 节中 PDPST 类似的路径结构，因此，同样采用基于需求/车辆和需求间连接关系的方式建立模型。参照 PDPST 的模型，可将 PDPSTTW 表述为如下的非线性整数规划模型。

（1）目标函数。

PDPSTTW 模型的目标函数由四部分组成：总收入、车辆固定使用成本总和、车辆运行成本总和及车辆停站成本总和。

总收入：

$$\sum_{k \in K} \sum_{i \in P} \sum_{j \in P \cup \{p+1\}} \pi_i \cdot q_i \cdot x_{j,i}^k \quad (4\text{-}1)$$

车辆固定使用成本总和：

$$\sum_{k \in K} \sum_{j \in P} vc^k \cdot x_{p+1,j}^k \quad (4\text{-}2)$$

车辆运行成本总和：

$$\sum_{k \in K} tc^k \cdot \left(\sum_{e \in E} le_e \cdot y_e^k + \sum_{i \in P \cup \{p+1\}} \sum_{j \in P} lc_{i,j} \cdot x_{i,j}^k \right) \quad (4\text{-}3)$$

车辆停站成本总和：

$$\sum_{k \in K} \sum_{n \in V} sc_n^k \cdot sn_n^k \quad (4\text{-}4)$$

PDPSTTW 的目标为寻找如下收益最大化的车辆路径方案：

$$\sum_{k \in K} \sum_{i \in P} \sum_{j \in P \cup \{p+1\}} \pi_i \cdot q_i \cdot x_{j,i}^k - \left[\sum_{k \in K} \sum_{j \in P} vc^k \cdot x_{p+1,j}^k + \sum_{k \in K} tc^k \cdot \left(\sum_{e \in E} le_e \cdot y_e^k \right. \right.$$
$$\left. \left. + \sum_{i \in P \cup \{p+1\}} \sum_{j \in P} lc_{i,j} \cdot x_{i,j}^k \right) + \sum_{k \in K} \sum_{n \in V} sc_n^k \cdot sn_n^k \right]$$

(2)约束条件。

需求/车辆 i 和需求 j 的连接次序约束：

$$x_{i,j}^k \leq ct_{i,j}, \forall k \in K, i \in P \cup \{p+1\}, j \in P \tag{4-5}$$

$$x_{i,j}^k \leq \sum_{i_0 \in P \cup \{p+1\}} ca_{i_0,i} \cdot x_{i_0,i}^k, \forall k \in K, i, p \in P \tag{4-6}$$

$$\sum_{j \in P} ca_{i,j} \cdot x_{i,j}^k \leq 1, \forall k \in K, i \in P \cup \{p+1\} \tag{4-7}$$

$$x_{i,i}^k = 0, \forall k \in K, i \in P \tag{4-8}$$

$$\sum_{k \in K} \sum_{i \in P \cup \{p+1\}} x_{i,j}^k \leq 1, \forall j \in P \tag{4-9}$$

其中：约束条件式（4-5）~（4-9）决定需求/车辆 i 和需求 j 的连接次序。

车辆装载能力约束：

$$\sum_{i \in P} ld_{i,e} \cdot q_i \cdot \sum_{j \in P \cup \{p+1\}} x_{j,i}^k \leq Q^k, \forall k \in K, e \in E \tag{4-10}$$

式（4-10）确保车辆不超载。

车辆停站次数约束：

$$sn_n^k \geq sod_{i,n} \cdot \sum_{j \in P \cup \{p+1\}} x_{j,i}^k, \forall k \in K, i \in P, n \in V \tag{4-11}$$

$$\sum_{n \in V} sn_n^k \leq M_0, \forall k \in K \tag{4-12}$$

其中：式（4-11）决定车辆的停站点；式（4-12）确保车辆的停站总数不超过 M_0（从第一个取点开始统计）。

车辆途经路段约束：

$$ld_{i,e} \cdot \sum_{j \in P \cup \{p+1\}} x_{j,i}^k \leq y_e^k, \forall k \in K, i \in P, e \in E \tag{4-13}$$

式（4-13）确定车辆在所途经路段的负载状态。

路径分配车辆约束：

$$y_e^k \leq \sum_{j \in P} x_{p+1,j}^k, \forall k \in K, e \in E \tag{4-14}$$

式（4-14）确定路径的车辆分配方案。

路径长度约束：

$$\sum_{e \in E} le_e \cdot y_e^k + \sum_{i \in P} \sum_{j \in P} lc_{i,j} \cdot x_{i,j}^k \leq D, \forall k \in K \quad (4\text{-}15)$$

式（4-15）确保每条路径的总长度不超过 D（从第一个取点开始统计）。

时间窗约束：

$$(T_r^k + s_r + t_{r,s}^k - T_s^k) \cdot ord_{r,s} \cdot \sum_{i_0 \in P \cup \{p+1\}} x_{i_0,i}^k \cdot \sum_{j_0 \in P \cup \{p+1\}} x_{j_0,j}^k \leq 0,$$
$$\forall k \in K; i,j \in P; r,s \in \{i, i+p, j, j+p\} \quad (4\text{-}16)$$

$$a_i \leq T_i^k \leq b_i - s_i, \forall k \in K, i \in P_1 \cup P_2 \quad (4\text{-}17)$$

$$x_{p+1,i}^k \cdot tvo_i^k \leq T_i^k, \forall k \in K, i \in P \quad (4\text{-}18)$$

其中：式（4-16）确定两个需求组合形成的路径中停站点的作业时间，式（4-17）确保车辆按照时间窗在站点作业，式（4-18）确定车辆到达第一个取点的时间。

（3）决策变量。

$$x_{i,j}^k \in \{0,1\}, \forall k \in K, i \in P \cup \{p+1\}, j \in P \quad (4\text{-}19)$$

$$y_e^k \in \{0,1\}, \forall k \in K, e \in E \quad (4\text{-}20)$$

$$sn_n^k \in \{0,1\}, \forall k \in K, n \in V \quad (4\text{-}21)$$

$$T_i^k \in \{1,2,3,\cdots\}, \forall k \in K, i \in P_1 \cup P_2 \quad (4\text{-}22)$$

其中：式（4-19）~（4-22）为决策变量的取值范围。

2. 模型线性化

本章拟采用 Gurobi 对 PDPSTTW 的算例进行计算，用以对比本书所提出的启发式算法的效果。因为 PDPSTTW 模型中式（4-16）为非线性约束条件，故该模型为非线性整数规划模型，需对其进行线性化之后方能采用 Gurobi 计算。Lin 等（2009）[122]提出了非线性公式的线性化方法。其中，非线性公式 $r_0 = z_0 \cdot y_0$ 能被线性公式（4-23）和（4-24）代替，z_0 为 0-1 变量，M 为一个充分大的正数。

$$y_0 - (1-z_0) \cdot M \leq r_0 \leq y_0 + (1-z_0) \cdot M \quad (4\text{-}23)$$

$$-z_0 \cdot M \leq r_0 \leq z_0 \cdot M \quad (4\text{-}24)$$

参照上述线性化方法，令：

$$g_i^k = \sum_{j_0 \in P \cup \{p+1\}} x_{j_0,i}^k, \forall k \in K \quad (4\text{-}25)$$

$$v_{i,j}^k = g_i^k \cdot g_j^k, \quad \forall k \in K; i,j \in P \quad (4\text{-}26)$$

$$(T_r^k + s_r + t_{r,s}^k - T_s^k) \cdot ord_{r,s} \cdot v_{i,j}^k \leq 0, \quad k \in K; i,j \in P; r,s \in \{i, i+p, j, j+p\} \quad (4\text{-}27)$$

因此，式（4-16）可以被式（4-25）、（4-26）和（4-27）代替。

式（4-26）和（4-27）均为非线性，且 g_i^k 为 0-1 变量，因此，式（4-26）可以用式（4-28）和（4-29）代替：

$$g_j^k - (1-g_i^k) \cdot M \leq v_{i,j}^k \leq g_j^k + (1-g_i^k) \cdot M, \forall k \in K; i,j \in P \quad (4\text{-}28)$$

$$-(1-g_i^k) \cdot M \leq v_{i,j}^k \leq (1-g_i^k) \cdot M, \forall k \in K; i,j \in P \quad (4\text{-}29)$$

令：

$$h_{r,s}^k = (T_r^k + s_r + t_{r,s}^k - T_s^k) \cdot ord_{r,s}, k \in K; i,j \in P; r,s \in \{i, i+p, j, j+p\} \quad (4\text{-}30)$$

因此，式（4-27）可以用式（4-31）和（4-32）代替：

$$z_{r,s}^k = h_{r,s}^k \cdot v_{i,j}^k, k \in K; i,j \in P; r,s \in \{i, i+p, j, j+p\} \quad (4\text{-}31)$$

$$z_{r,s}^k \leq 0, k \in K; i,j \in P; r,s \in \{i, i+p, j, j+p\} \quad (4\text{-}32)$$

式（4-31）为非线性，且 $v_{i,j}^k$ 为 0-1 变量，因此，式（4-31）可以用式（4-33）和（4-34）代替：

$$h_{r,s}^k - (1-v_{i,j}^k) \cdot M \leq z_{r,s}^k \leq h_{r,s}^k + (1-v_{i,j}^k) \cdot M,$$
$$\forall k \in K; i,j \in P; r,s \in \{i, i+p, j, j+p\} \quad (4\text{-}33)$$

$$-(1-v_{i,j}^k) \cdot M \leq z_{r,s}^k \leq (1-v_{i,j}^k) \cdot M,$$
$$\forall k \in K; i,j \in P; r,s \in \{i, i+p, j, j+p\} \quad (4\text{-}34)$$

最终，通过将非线性约束式（4-16）替换为线性约束式（4-25）、（4-28）、（4-29）、（4-30）、（4-32）、（4-33）和（4-34）的方式可将 PDPSTTW

模型修正为能采用 Gurobi 计算的整数线性规划模型。

以上所涉及符号的含义详见书前"符号说明"部分。

4.1.3 带时间窗的 PDPST 可行解示例

图 4-1 为一个连通图，图中标注了边长、车辆位置、需求起止点和时间窗等信息。在 PDPSTTW 的一个可行解中，五个需求（需求量均为 1）由两辆车（装载能力均为 15，运行距离上限均为 30，停站数量上限均为 6）运输。根据上文理论可知：图中的路径 1 和 2 均路径结构可行；需求 i_5 能插入路径 1 而需求 i_4 不能插入路径 1；需求 i_3 能和需求 i_1 合并而需求 i_4 不能和需求 i_1 合并；需求 i_2 和需求 i_3 能连接到需求 i_1，需求 i_4 能连接到需求 i_5，需求 i_5 能连接到需求 i_4；需求 i_3 能连接后于需求 i_1 和需求 i_2，需求 i_4 能连接后于需求 i_5；每个需求均可连接到（后于）所有车辆。第 1 和 6 为车辆初始位置，点 2, 3, 4, 15, 14, 12, 6, 8 和 10 为停站点；$lc_{k_1, i_1} = le_{e_1}$，$lc_{i_1, i_3} = le_{e_{22}}$，$s_r = 1$。

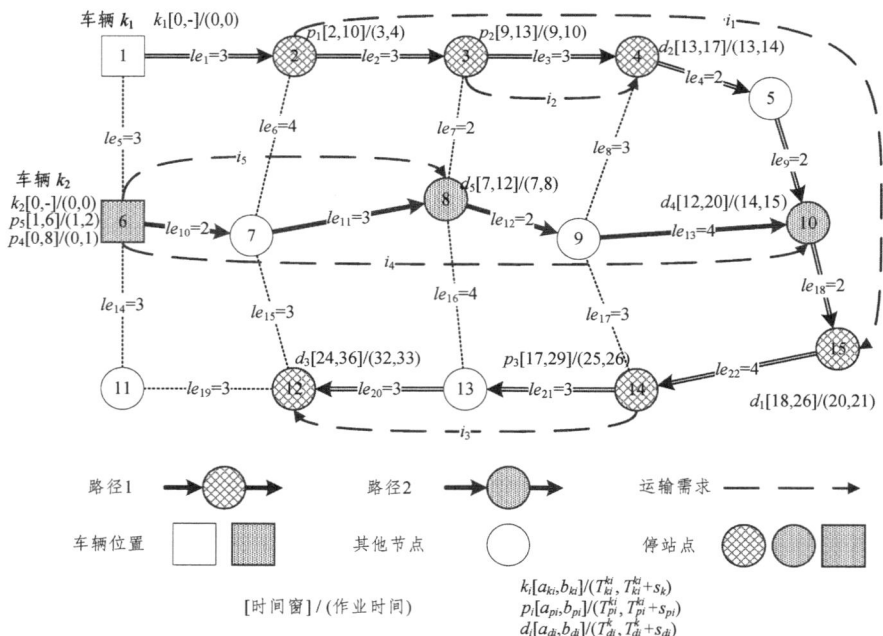

图 4-1　PDPSTTW 可行解示例

以路径 2 为例，对于约束条件式（4-16），$s_r = 1$，$p = 5$，$k = 2$，$i = 4$，$j = 5$，$r,s \in \{4,9,5,10\}$。表 4-1 列出了 $ord_{r,s}$ 的取值。在连通图中，需求 4 和 5 的取点均为 6，送点分别为 10 和 8。而根据传统 PDP 的常用节点标记方法，在由连通图 4-1 抽象而来的完全图中，将需求 4 和 5 的取点分别记为 4 和 5，送点分别记为 $4+p=9$ 和 $5+p=10$。因此，在连通图中其路径为 6-8-10，在抽象出来的完全图中其对应的路径为 4-5-10-9。

判断参数 $ct_{i,j}$，$ca_{i,j}$ 和连接路段长度 $lc_{i,j}$ 的取值如表 4-2 所示。

令 $\pi_i = 15$，$vc^k = 1$，$tc^k = 1$，$sc_n^k = 1$，$s_i = 1$ 且 $t_{r,s}^k = le_{r,s}$。表 4-3 列出了图 4-1 中可行路径方案的决策变量取值。

表 4-1 $ord_{r,s}$ 和 $t_{r,s}^k$ 的取值

$ord_{r,s}/t_{r,s}^k$	$s=4$	$s=9$	$s=5$	$s=10$
$r=4$	0/0	1/11	0/0	1/5
$r=9$	0/0	0/0	0/0	0/0
$r=5$	0/0	1/11	0/0	1/5
$r=10$	0/0	1/6	0/0	0/0

表 4-2 $ct_{i,j}$，$ca_{i,j}$ 和 $lc_{i,j}$ 的取值

$ct_{i,j}/ca_{i,j}/lc_{i,j}$	$j=1$	$j=2$	$j=3$	$j=4$	$j=5$
$i=1$	—	1/0/0	$1/1/le_{22}$	$0/0/\infty$	$1/1/le_{22}+le_{21}+le_{20}+le_{19}+le_{14}$
$i=2$	$0/0/\infty$	—	$1/1/le_8+le_{17}$	$0/0/\infty$	$1/1/le_8+le_{17}+le_{21}+le_{20}+le_{19}+le_{14}$
$i=3$	$1/1/le_{15}+le_6$	$1/1/le_{15}+le_{11}+le_7$	—	$1/1/le_{19}+le_{14}$	$1/1/le_{19}+le_{14}$
$i=4$	$0/0/\infty$	$0/0/\infty$	$1/1/le_{18}+le_{22}$	—	1/0/0
$i=5$	$0/0/\infty$	$1/1/le_7$	$1/1/le_{12}+le_{17}$	1/1/0	—
k_1	$1/1/le_1$	$1/1/le_1+le_2$	$1/1/le_1+le_2+le_7+le_{12}+le_{17}$	$1/1/le_5$	$1/1/le_5$
k_2	$1/1/le_5+le_1$	$1/1/le_{10}+le_{11}+le_7$	$1/1/le_{10}+le_{11}+le_{12}+le_{17}$	1/1/0	1/1/0

表 4-3　可行路径方案的决策变量取值

变量	路径 1	路径 2
$x_{i,j}^k$	$x_{p+1,i_1}^{k_1}=1$, $x_{i_1,i_2}^{k_1}=1$, $x_{i_2,i_3}^{k_1}=1$	$x_{p+1,i_4}^{k_2}=1$, $x_{i_4,i_5}^{k_2}=1$ 或 $x_{p+1,i_5}^{k_2}=1$, $x_{i_5,i_4}^{k_2}=1$
y_e^k	$y_{e_2}^{k_1}=1$, $y_{e_3}^{k_1}=1$, $y_{e_4}^{k_1}=1$, $y_{e_9}^{k_1}=1$, $y_{e_{18}}^{k_1}=1$, $y_{e_{21}}^{k_1}=1$, $y_{e_{20}}^{k_1}=1$	$y_{e_{10}}^{k_2}=1$, $y_{e_{11}}^{k_2}=1$, $y_{e_{12}}^{k_2}=1$, $y_{e_{13}}^{k_2}=1$
sn_n^k	$sn_2^{k_1}=1$, $sn_3^{k_1}=1$, $sn_4^{k_1}=1$, $sn_{15}^{k_1}=1$, $sn_{14}^{k_1}=1$, $sn_{12}^{k_1}=1$	$sn_6^{k_2}=1$, $sn_8^{k_2}=1$, $sn_{10}^{k_2}=1$
T_i^k	$T_{p+1}^{k_1}=0$, $T_{p_2}^{k_1}=3$, $T_{p_2}^{k_1}=9$, $T_{d_2}^{k_1}=13$, $T_{d_1}^{k_1}=20$, $T_{p_3}^{k_1}=25$, $T_{d_3}^{k_1}=32$	$T_{p+1}^{k_2}=0$, $T_{p_5}^{k_2}=1$, $T_{p_4}^{k_2}=0$, $T_{d_5}^{k_2}=7$, $T_{d_4}^{k_2}=14$

据表 4-3 方案可知：

$$\sum_{k\in K}\sum_{i\in P}\sum_{j\in P\cup\{p+1\}}\pi_i \cdot x_{j,i}^k = 15\times 5 = 75$$

$$\sum_{k\in K}\sum_{j\in P}vc^k \cdot x_{p+1,j}^k = 1\times 2 = 2$$

$$\sum_{k\in K}tc^k \cdot \sum_{e\in E}le_e \cdot y_e^k = 1\times(3+3+2+2+2+3+3+2+3+2+4) = 29$$

$$\sum_{k\in K}tc^k \cdot \sum_{i\in P\cup\{p+1\}}\sum_{j\in P}lc_{i,j} \cdot x_{i,j}^k = 1\times(3+4) = 7$$

$$\sum_{k\in K}\sum_{n\in N}sc_n^k \cdot sn_n^k = 1\times 9 = 9$$

故方案总收益为 75 − (2+29+7+9) = 28

4.2　带时间窗的 PDPST 路径可行判断规则

　　Grimault 等（2017）[79]介绍了三种 TSP/PDP 的插入可行性研究成果；Ho 等（2018）[73]的研究表明，解的可行性对 PDP 的算法效率能产生重要影响，可以节约大量求解时间，并列出了许多关于解的可行性的研究成果。由于所有需求均需被不超载的车辆在时间窗内运送，因此，本节将研究 PDPSTTW 路径构造过程中的路径可行判断规则（Route

Feasible Checking Rules，RFCR），以提高邻域变换成功率，进而提高算法效率。

4.2.1 路径结构可行判断规则

1. 相关定义

定义 4-1：如某条路径结构可行的（见定义 2-1）路径由需求 i 插入路径 j 形成，则称需求 i 可以按照路径结构插入路径 j。定义 $pd\_R\_rs\_judge_{i,j}$ 为插入路径结构可行判断参数（0：不可行，1：可行），$[pd\_R\_rs\_judge_{i,j}]$ 为插入路径结构可行判断矩阵。

定义 4-2：如某条路径结构可行的路径由需求 i 和 j 组合而成，则称需求 i 可以按照路径结构和需求 j 合并。定义 $pd\_combine\_rs\_judge_{i,j}$ 为合并路径结构可行判断参数（0：不可行，1：可行），$[pd\_combine\_rs\_judge_{i,j}]$ 为合并路径结构可行判断矩阵。规定需求能和任意车辆按照路径结构合并，即

$$pd\_combine\_rs\_judge_{p+1,j} = 1, \quad \forall j = 1, \cdots, p$$

2. 路径结构可行判断矩阵的演变理论

在路径的变换过程中，合并路径结构可行判断矩阵保持不变，而插入路径结构可行判断矩阵将发生改变。为快速更新插入路径结构可行判断矩阵，提出相关定理、推论如下。

定理 4-1：需求 k 能和路径 m 上的全部需求按照路径结构合并是需求 k 能按照路径结构插入该路径的充要条件。

推论 4-1：不能和路径 R 中某一需求 i 按照路径结构合并的需求 j 必定不能插入该路径。

推论 4-2：如删除了路径 R 中不能和需求 i 按照路径结构合并的全部需求，则需求 i 可以按照路径结构插入该路径。

定理 4-1 的证明可见附录 D，推论 4-1 和推论 4-2 可由定理 4-1 直接得出。

3. 路径结构可行判断矩阵的演变方法

在路径的变换过程中插入路径结构可行判断矩阵将发生改变。如每次变换后均需重新核算该判断矩阵，将耗费有限的计算时间。因此，有必要找到插入路径结构可行判断矩阵的一种快速演变方法。

在 PDPSTTW 中，有三种路径演变方式：需求插入路径、需求从路径中删除、删除路径。对于需求插入路径和需求从路径中删除这两种路径演变方式，插入路径结构可行判断矩阵可按如下方法快速更新。

（1）需求插入路径后该插入路径结构可行判断矩阵的演变方法。

需求 i 插入路径 k 后获得路径 k'。令 $L_1 = \{l|[pd\_combine\_rs\_judge](l,i) = 0\}$，路径 k' 对应的插入路径结构可行判断矩阵 $[pd\_R\_rs\_judge](:,k')$ 可按照式（4-35）快速更新（定理 4-1，推论 4-1）：

$$[pd\_R\_rs\_judge](j,k') = 0, \ \forall j \in L_1 \quad (4\text{-}35)$$

（2）需求从路径中删除后该插入路径结构可行判断矩阵的演变方法。

通过删除需求 i 获得新路径 k'。令 $L_1 = \{l|[pd\_combine\_rs\_judge](l,i) = 0\}$，$L_2$ 为路径 k' 运载的需求的集合。路径 k' 对应的插入路径结构可行判断矩阵 $[pd\_R\_rs\_judge](:,k')$ 可按照式（4-36）快速更新（定理 4-1，推论 4-2）：

$$[pd\_R\_rs\_judge](j,k') = \prod_{l \in L_2} pd\_combine\_rs\_judge_{j,l}, \ \forall j \in L_1$$

$$(4\text{-}36)$$

删除路径后，只要在插入路径结构可行判断矩阵中删除相应的一行值即可。

4.2.2　时间窗可行判断规则

1. 时间窗可行的相关定义

定义 4-3：如所有需求都被某车辆沿着一条路径结构可行的路径按照时间窗运送，则称该路径是时间窗可行的。

定义 4-4：如某时间窗可行的路径由需求 i 插入路径 j 而形成，则称需求 i 可以按照时间窗插入路径 j。定义 $pd\_R\_tw\_judge_{i,j}$ 为插入时间窗可行判断参数（0: 不可行，1: 可行），$[pd\_R\_tw\_judge_{i,j}]$ 为插入时间窗可行判断矩阵。

定义 4-5：如某时间窗可行的路径由需求 i 和 j 组合而成，则称需求 i 可以按照时间窗与需求 j 合并。定义 $pd\_combine\_tw\_judge_{i,j}$ 为合并时间窗可行判断参数（0: 不可行，1: 可行），$[pd\_combine\_tw\_judge_{i,j}]$ 为合并时间窗可行判断矩阵。规定需求能和任意车辆按照时间窗合并，即

$$pd\_combine\_tw\_judge_{p+1,j} = 1, \forall j = 1, \cdots, p$$

2. 时间窗可行判断矩阵的演变理论

在路径的变换过程中，合并时间窗可行判断矩阵保持不变，而插入时间窗可行判断矩阵将发生改变。为快速更新插入时间窗可行判断矩阵，提出相关定理、推论如下。

定理 4-2：需求 k 能和路径 m 上的全部需求按照时间窗合并是该需求能按照时间窗插入路径 m 的必要条件。

推论 4-3：不能和路径 R 中某一需求 i 按照时间窗合并的需求 j 必定不能插入该路径。

推论 4-4：在同一条时间窗可行的路径中的需求可按照时间窗相互合并。

定理 4-2 的证明可见附录 D，推论 4-3 和推论 4-4 可由定理 4-2 直接得出。

3. 时间窗可行判断矩阵的演变方法

同理，当路径发生改变后，插入时间窗可行判断矩阵可按如下方法快速更新。

（1）需求插入路径后该插入时间窗可行判断矩阵的演变方法。

需求 i 插入路径 k 后获得新路径 k'。令 $L_1 = \{l|[pd\_combine\_tw\_judge](l,i) = 0\}$，路径 k' 对应的插入时间窗可行判断矩阵 $[pd\_R\_tw\_judge'](:,k')$

可按照式（4-37）快速更新（定理 4-2，推论 4-3）：

$$[pd\_R\_tw\_judge'](j,k') = 0, \forall j \in L \tag{4-37}$$

（2）需求从路径中删除后该插入时间窗可行判断矩阵的演变方法。

通过删除需求 i 获得新路径 k'。令 $L_1 = \{l|[pd\_combine\_tw\_judge](l,i) = 0\}$，$L_2$ 为路径 k' 运载的需求的集合。路径 k' 对应的插入时间窗可行判断矩阵 $[pd\_R\_tw\_judge'](:,k')$ 可按照式（4-38）快速更新（定理 4-2，推论 4-4）：

$$[pd\_R\_tw\_judge'](j,k') = \prod_{l \in L_2} pd\_combine\_tw\_judge_{j,l}, \forall j \in L_1 \tag{4-38}$$

删除路径后，只要在插入时间窗可行判断矩阵中删除对应的一行值即可。

如果将路径变化后全面更新的插入时间窗可行判断矩阵规定为 $[pd\_R\_tw\_judge]$，那么其中元素与按照式（4-37）和（4-38）所示方法更新的插入时间窗可行判断矩阵 $[pd\_R\_tw\_judge']$ 中的元素之间有如下关系：$pd\_R\_tw\_judge'_{i,j}$ 和 $pd\_R\_tw\_judge_{i,j}$ 的取值基本一致。为加快该判断矩阵的更新速度，在实际计算中可考虑更新 $[pd\_R\_tw\_judge']$ 用以代替 $[pd\_R\_tw\_judge]$。

4.2.3 装载力可行判断规则

1. 装载力可行的相关定义

定义 4-6：若所有需求都被某不超载的车辆沿着一条路径结构可行的路径运送，则称该路径是装载力可行的。

定义 4-7：如某装载力可行的路径由需求 i 插入路径 j 而形成，则称需求 i 可以按照装载力插入路径 j。定义 $pd\_R\_vl\_judge_{i,j}$ 为插入装载力可行判断参数（0: 不可行，1: 可行），$[pd\_R\_vl\_judge_{i,j}]$ 为插入装载力可行判断矩阵。

定义 4-8：如某装载力可行的路径由需求 i 和 j 组合而成，则称需求 i

可以按照装载力和需求 j 合并。定义 $pd\_combine\_vl\_judge_{i,j}$ 为合并装载力可行判断参数（0: 不可行，1: 可行），$[pd\_combine\_vl\_judge_{i,j}]$ 为合并装载力可行判断矩阵。规定需求能和任意车辆按照装载力合并，即

$$pd\_combine\_vl\_judge_{p+1,j} = 1, \forall j = 1, \cdots, p$$

2. 装载力可行判断矩阵的演变理论

在路径的变换过程中，合并装载力可行判断矩阵保持不变，而插入装载力可行判断矩阵将发生改变。为快速更新插入装载力可行判断矩阵，提出相关定理、推论如下。

定理 4-3：需求 k 能和路径 m 上的全部需求按照装载力合并是该需求能按照装载力插入路径 m 的必要条件。

定理 4-4：车辆在插入后的新路径 m' 上的路段均不超载是需求 k 能按照装载力插入原路径 m 的必要条件。

定理 4-3 的证明可见附录 D，定理 4-4 是显然的。

3. 装载力可行判断矩阵演变方法

同理，当路径发生改变后，插入装载力可行判断矩阵可按如下方法快速更新。

假设车辆运行在路径 k 上，令 P_{k_1} 为在路径 k 上需求的集合，P_{k_2} 为不在路径 k 上需求的集合，E 为边的集合，$r\_e\_load_{k,e}$ 为车辆途经路径 k 上的边 e 的装载量，$e\_load_{j,e}$ 为需求给边 e 带来的装载量。在路径的每一步变化中，可以按照式（4-39）快速更新 $r\_e\_load_{k,e}$：

$$r\_e\_load_{k,e} = \sum_{j \in P_{k_1}} e\_load_{j,e}, \; e \in E \tag{4-39}$$

（1）需求插入路径后该插入装载力可行判断矩阵的演变方法。

需求 i 插入路径 k 后获得新路径 k'。令 $J_1 = \{j \mid [pd\_R\_vl\_judge](k,j) = 1\}$ 为可以依运载力插入路径 k 的需求的集合，$J_2 = \{j \mid [pd\_combine\_vl\_judge](i,j) = 0\}$ 为不能依运载力和需求 i 合并的需求的集合。路径 k' 对应的插入装载力可行判断矩阵

$[pd\_R\_vl\_judge'](:,k')$ 可按照式（4-40）快速更新（定理 4-3 和 4-4）：

$$[pd\_R\_vl\_judge'](j,k') = 0, j \in P_{k_2} \cap J_1 \cap J_2 \quad (4\text{-}40)$$

（2）需求从路径中删除后该插入装载力可行判断矩阵的演变方法。

通过删除需求 i 获得新路径 k'。令 $J_3 = \{j \mid [pd\_R\_vl\_judge] (k,j) = 0\}$ 为不能按照装载力插入路径 k 的需求的集合，$J_4 = \{j \mid [pd\_combine\_vl\_judge](i,j) = 0\}$ 为不能按照装载力与需求 i 合并的需求的集合，L_2 为路径 k' 运载的需求的集合。路径 k' 对应的插入装载力可行判断矩阵 $[pd\_R\_vl\_judge'](:,k')$ 可按照式（4-41）快速更新（定理 4-3 和 4-4）：

$$[pd\_R\_vl\_judge'](j,k') = \prod_{l \in L_2} pd\_combine\_vl\_judge_{j,l},$$
$$\forall j \in P_{k_2} \cap J_3 \cap J_4 \quad (4\text{-}41)$$

删除路径后，只要在插入装载力可行判断矩阵中删除对应的一行值即可。

如果将路径变化后全面更新的插入装载力可行判断矩阵规定为 $[pd\_R\_vl\_judge]$，那么，其中元素与按照式（4-41）所示方法更新的插入装载力可行判断矩阵 $[pd\_R\_vl\_judge']$ 中的元素有如下关系：$pd\_R\_vl\_judge'_{i,j}$ 和 $pd\_R\_vl\_judge_{i,j}$ 的取值基本一致。为加快插入装载力可行判断矩阵的更新速度，在实际计算中可考虑更新 $pd\_R\_vl\_judge'_{i,j}$ 用以代替 $pd\_R\_vl\_judge_{i,j}$。

4.2.4 路径可行判断规则

本节将综合上述三种可行判断规则对路径可行判断规则进行研究，以提升算法效率。

1. 路径可行的相关定义

定义 4-9：如所有需求都被某不超载的车辆按照时间窗沿着一条路径结构可行的路径运送，则称该路径是可行的。

定义 4-10：如某可行路径由需求 i 插入路径 j 而形成，则称需求 i 可以插入路径 j。定义 $pd\_R\_judge_{i,j}$ 为插入可行判断参数（0: 不可行，1: 可行），$[pd\_R\_judge_{i,j}]$ 为插入可行判断矩阵。

定义 4-11：如某路径是可行路径且由需求 i 和 j 组合而成，则称需求 i 可以和需求 j 合并。定义 $pd\_combine\_judge_{i,j}$ 为合并可行判断参数（0: 不可行，1: 可行），$[pd\_combine\_judge_{i,j}]$ 为合并可行判断矩阵。规定需求能和任意车辆合并，即

$$pd\_combine\_judge_{p+1,j} = 1, \forall j = 1, \cdots, p$$

显然，合并可行判断参数与合并时间窗可行判断参数和合并装载力可行判断参数的关系如式（4-42）所示：

$$pd\_combine\_judge_{i,j} = pd\_combine\_tw\_judge_{i,j} \cdot pd\_combine\_vl\_judge_{i,j} \quad (4\text{-}42)$$

2. 路径可行判断矩阵的演变理论

据上文研究，提出路径可行判断矩阵演变理论如下。

定理 4-5：需求 k 能和路径 m 上的全部需求合并是该需求能插入路径 m 的必要条件。

定理 4-5 可综合定理 4-1，定理 4-2 和定理 4-3 得出。

3. 路径可行判断矩阵的演变方法

如上文所述，在路径的变换过程中该插入可行判断矩阵会发生改变。根据定义 4-9 和定理 4-5，在每次邻域变换后，插入可行判断矩阵中的相关参数可按式（4-43）快速更新：

$$pd\_R\_judge'_{i,j} = pd\_R\_tw\_judge'_{i,j} \cdot pd\_R\_vl\_judge'_{i,j}$$
$$(4\text{-}43)$$

显然，$pd\_R\_judge'_{i,j}$ 和 $pd\_R\_judge_{i,j}$ 的取值基本一致，这意味着在每次路径变化后可以采用更新 $pd\_R\_judge'_{i,j}$ 的方式用以替代 $pd\_R\_judge_{i,j}$，作为提高邻域变换成功率的措施，进而提高算法效率。

4.3 求解算法

Ropke 等（2006）[90]基于 Potvin 等（1993）[123]的研究成果提出了针对 PDPTW 的三种需求移除和两种需求插入邻域变换方法，Ghilas 等（2016）[124]将这些方法改造并应用于 PDPTW 实例研究中。Grimault 等（2017）[79]和 Ho 等（2018）[73]的研究表明，邻域变换过程中解的可行性对 PDP 的算法效率影响较大。

由于 PDPSTTW 的特殊路径结构，采用传统邻域方法的成功率偏低，因此，本章针对 PDPSTTW 的特征并结合第 3 章中相关邻域变换方法的求解效果，改造设计了六种邻域变换方法用于 PDPSTTW 的求解，并在部分邻域变换过程中加入 RFCR，以提高算法效率。

4.3.1 邻域变换

1. K-插入-tw

在求解带时间窗的 PDPST 算法的邻域变换方法 K-插入-tw（K-insert-tw）中，依据 $pd\_R\_judge_{i_1,j_2}=1$（需求 i_1 插入路径 j_2 的路径结构可行判断参数）选择需求 i_1（可能被其他路径运输，也可能待运）插入路径 j_2。该操作循环执行直到解得到改进或迭代次数达到控制值 K，设置 K 的目的为限制计算时间。该邻域的操作伪码如算法 4-1 所示。

算法 4-1：K-插入-tw 的伪码
01. 输入：令 $k=1$；输入：$\{route\ j\}, K$；
02. **while** $k \leqslant K$ 且解未改进
03.   随机选择路径 j_1 和其中的需求 i_1；
04.   选择满足 $pd\_R\_judge_{i_1,j_2}=1$ 的路径 j_2；
05.   将需求 i_1 插入路径 j_2；
06.   **if** 插入成功
07.   更新路径 j_1, j_2 和 $[pd\_R\_judge]$；
08.   **end if**
09.   令 $k=k+1$；
10. **end if**

2. K-扩散-tw

在求解带时间窗的 PDPST 算法的邻域变换方法 K-扩散-tw（K-spread-tw）中，依据 $pd\_R\_judge_{i_1,j_1}=1$ 选择需求 i_1 插入路径 j_1，如果所得新路径超载，则从新路径中选择一个需求 i_2，并插入一个依据 $pd\_R\_judge_{i_2,j_2}=1$ 选择的新路径 j_2。该操作循环执行直到新生成的路径不超载或迭代次数达到控制值 K，该邻域的操作伪码如算法 4-2 所示。

算法 4-2：K-扩散-tw 的伪码

01. 输入：令 $k=1$；输入：{route j}，K；随机选择路径 j_0；
02. while $k \leqslant K$
03. 随机选择路径 j_0 中的需求 i_1；
04. 选择满足 $pd\_R\_judge_{i_1,j_1}=1$ 的路径 j_1；
05. 将需求 i_1 插入路径 j_1；
06. if 插入成功
07.   更新路径 j_0，j_1 和 $[pd\_R\_judge]$；
08. end if
09. if 路径 j_1 超载
10.   令 $j_0=j_1$；
11. else
12. $k=K+1$；
13. end
14. 令 $k=k+1$；
15. end while

3. K-移除-tw

在求解带时间窗的 PDPST 算法的邻域变换方法 K-移除-tw（K-remove-tw）中，首先随机选择一条路径，找出该路径上需求取送作业最少的点，再按随机顺序将这些需求 i 移除并插入其他依据 $pd\_R\_judge_{i,j}=1$ 选择的路径 j。该操作循环执行直到解得到改进或该点被删除或迭代次数达到控制值 K，该邻域的操作伪码如算法 4-3 所示。

算法 4-3：K-移除-tw 的伪码

01.	输入：令 $k=1$；输入：$\{route\ j\}$，K；
02.	随机选择路径 j_0，在路径 j_0 中选择取送作业次数最少的点 s；
03.	while $k \leqslant K$ 且点 s 在路径 j_0 中且解未改进
04.	随机选择在点 s 作业的需求 i；
05.	选择满足条件 $pd\_R\_judge_{i,j}=1$ 的路径 j；
06.	将需求 i 插入路径 j；
07.	if 插入成功
08.	更新路径 j_0,j 和 $[pd\_R\_judge]$；
09.	end if
10.	令 $k=k+1$；
11. end if	

4. K-替换-tw

在求解带时间窗的 PDPST 算法的邻域变换方法 K-替换-tw（K-replace-tw）中，不断地从某条路径 j_0 中选择需求 i 插入其他依据 $pd\_R\_judge_{i,j}=1$ 选择的路径 j，直到解获得改进或原路径仅剩一个需求或迭代次数达到控制值 K，然后将其他需求 i 不断插入该路径 j_0 直到解获得改进或迭代次数达到控制值 K。该邻域的操作伪码如算法 4-4 所示。

算法 4-4：K-替换-tw 的伪码

01.	输入：令 $k=1$；输入：$\{route\ j\}$，K；
02.	随机选择路径 j_0；
03.	while $k \leqslant K$ 且解未改进且有两个及以上需求在路径 j_0 中
04.	在路径 j_0 中随机选择需求 i；
05.	选择满足 $pd\_R\_judge_{i,j}=1$ 的路径 j；
06.	将需求 i 插入路径 j；
07.	if 插入成功

08.		更新路径 j_0, j 和 $[pd\_R\_judge]$;
09.		end if
10.		令 $k = k+1$;
11. end if		
12. 令 $k = 1$;		
13. while $k \leqslant K$ 且解未改进		
14.		在任一路径 j 中选择满足 $pd\_R\_judge_{i,j_0} = 1$ 的需求 i 插入路径 j_0;
15.		if 插入成功
16.		更新路径 j_0, j 和 $[pd\_R\_judge]$;
17.		end if
18.		令 $k = k+1$;
19. end if		

5. 路径删除

在路径删除（Route-delete）邻域变换中，计算出每条路径 i 的净收益为 ne_i，选择其中净收益为负的 ne_i 组成集合 N，按照概率 $P_k = |ne_k| / \sum_{i \in N} |ne_i|$ 选择路径 k 删除，则该路径上所有的需求均转换为未被运载状态。如所有路径的净收益非负，则执行 K-移除-tw 操作。

6. 扰动

扰动（Perturbation）是一种以重新指派车辆（Reassign-vehicle）为核心的综合邻域，与第 3.2.1 节中的扰动类似。

因为重新指派车辆有可能较大幅度地改进方案，但同时需花费较多的计算时间，因此，为平衡扰动效果和计算时间之间的关系，在扰动中依邻域选择概率 $pc(k)(k = 1, 2, 3, 4, 5$ 和 $6)$ 选用 K-插入-tw、K-扩散-tw、K-移除-tw、K-替换-tw、路径删除和重新指派车辆，其中 $pc(6)$ 选较低概率值。

综上所述，选定 K-插入-tw、K-扩散-tw、K-移除-tw、K-替换-tw、路径删除和扰动作为本章算法的六种不同邻域 $opt(k)(k = 1, 2, 3, 4, 5$ 和 $6)$。

4.3.2 初始解生成

在求解之前生成一个质量较好的初始解对于求解 PDPSTTW 这一类路径结构相对复杂的问题很重要。本节拟采用最大节约算法思路生成 PDPSTTW 的初始解。初始解生成算法的伪码在形式上与第 3.2.1 节的算法 3-1 相同，不同之处在于构造路径时需要额外考虑时间窗要求。

4.3.3 算法设计

1. 算法设计思路

自适应策略被 Ropke 等（2006）[90]成功地应用于 PDPTW 的求解，该研究针对 PDPTW 设计了一种自适应大邻域搜索算法（Adaptive Large Neighborhood Search，ALNS）。此后，陆续有学者将其改造并应用于各类 PDP 的研究中，取得了不错的效果。PDPSTTW 作为一种新问题，各类邻域变换方法在求解该问题时产生的确切效率还有待确定。结合 PDPSTTW 路径结构的特征，本节在求解该问题时拟采用一种新的结合 RFCR 理论的多起点自适应邻域搜索算法（Multi-Start Adaptive Neighborhood Search+RFCR, MS_ANS+RFCR）。算法的主要设计思路如下：

（1）因本书中 PDPSTTW 与传统 PDPTW 的建模表示方式不同，所以上述文献提到的 ALNS 中先破坏（Destroy）后修复（Repair）的邻域变换方法对本书中的 PDPSTTW 不是很适用。因此，本书拟根据 PDPSTTW 的特征采用自适应策略选择六种针对性的邻域变换方法进行解的改进操作，并基于 RFCR 选择邻域变换操作对象。

（2）为使每一步迭代中搜索的起点多样化，本书在 MS_ANS+RFCR 中设置了多起点候选解集。

（3）当最优解长时间未改进时，允许以一定的概率接受不太差的解作为下一步搜索的起点。反之，按照一定比例将候选解集中较差的解更换为当前最优解以提高算法效率。

2. 邻域变换方法选择和自适应权重调节

（1）邻域变换方法选择。

为合理选择邻域变换方法，本书拟采用 Ropke 和 Pisinger（2006）[90]中的轮盘赌规则，根据生成的概率 p_j 选择邻域变换方法 j，见式（4-44）：

$$p_j = w_j \Big/ \sum_{i=1}^{k} w_i \qquad (4\text{-}44)$$

其中：w_j 为邻域变换方法 j 的权重，$j = 1, 2, \cdots, k$。

（2）自适应权重调节。

自适应调节邻域选择权重的思路是：将整个搜索过程分为若干阶段，每阶段的迭代次数为 K_0，每一个邻域的初始评分设置为 0，每完成一个阶段更新一次权重。

每个阶段的每次邻域变换后需根据其表现追加评分 σ_1 或 σ_2 或 σ_3，评分规则如表 4-4 所示。该阶段完成后，统计每种邻域变换所得总分 π_i 和总执行次数 θ_i。

表 4-4　邻域变换方法的评分规则

参数	评分规则
σ_1	获得新的全局最优解
σ_2	获得的解好于当前解
σ_3	获得的解没有改进

令 w_{ij} 为邻域变换方法 i 在阶段 j 的权重，在初始阶段，所有邻域变换的权重 w_{ij} 均取值为 0，在每一个阶段 j 完成后要根据式（4-45）：

$$w_{i,j+1} = (1-r) \cdot w_{ij} + r \cdot \pi_i / \theta_i \qquad (4\text{-}45)$$

计算下一阶段各邻域变换方法的取值。公式中，r 为邻域变换方法最新表现对权重选择的影响程度。

3. 启发式算法框架和精确算法

（1）MS_ANS+RFCR。

提高算法效率的关键是提高其邻域变换的成功率,选择合适的需求,插入合适的路径以保障新路径满足路径结构、时间窗和装载能力等要求,进而提高算法的求解效率。

上述所研究的 RFCR 将被用于提高本节算法的成功率,即在 K-插入-tw、K-扩散-tw、K-移除-tw 和 K-替换-tw 等四个邻域变换中选择需求 i 和插入路径 j 时确保 $pd\_R\_judge_{i,j} = 1$。

基于以上所描述的算法设计思路,本章所采用的 MS_ANS+RFCR 的算法框架如算法 4-5 所示。

算法 4-5:MS_ANS+RFCR 的伪码

01. **输入**:采用算法 3-1 生成初始解 s^0;令 $bestsofar\_s = s^0$;$S = \{s_i = s^0\}$ $(i = 1,\cdots,n)$ 为候选解集;K-插入-tw、K-扩散-tw、K-移除-tw、K-替换-tw、路径删除和扰动为选择概率为 $p(j)$ 的邻域变换方法 $opt(j)$ $(j = 1, 2, 3, 4, 5$ 和 $6)$;$constant = 0$;$k_0 = 0$;输入:K-插入-tw、K-扩散-tw、K-移除-tw、K-替换-tw 的迭代次数控制值 K;最差候选解集替换比例 pm;扰动中的邻域选择概率 $pc(k)$ $(k = 1, 2, 3, 4, 5$ 和 $6)$;解无改进算法终止总迭代次数 $constant\_T$;每一阶段算法的迭代次数 K_0;局部搜索次数 K_1;最差解替换比例 pm。
02. **while** $constant < constant\_T$
03. **for** i = 1:n
04.   **if** $k_0 > K_0$
05.   根据式(4-44)更新 p_j;令 $k_0 = 0$;
06.   **end if**
07.   根据概率 $p(j)$ 选择邻域变换方法 $opt(j)$ 改进 s_i;
08.   **if** 邻域变换成功
09.   得到 s'_i;令 $k_1 = 0$;
10.   **while** $k_1 \leq K_1$
11.   采用邻域变换方法 **opt(1)** 改进 s_i;令 $k_1 = k_1 + 1$;
12.   **end while**

13.		**if** s_i' 不劣于 s_i
14.		令 $s_i = s_i'$，更新 S；
15.		**else**
16.		**if** $constant > constant\_T/2$ 且 $f(s_i') - f(s_i) \geqslant -f(s_i)/2$
17.		依概率 0.5 令 $s_i = s_i'$，更新 S；
18.		**end if**
19.		**end if**
20.		**end if**
21.		**end for**
22.		在 S 中找到局部最优解 $localbest\_s$；令 $k_0 = k_0+1$；
23.		**if** $localbest\_s$ 优于 $bestsofar\_s$
24.		令 $bestsofar\_s = localbest\_s$；$constant = 0$；
25.		**else**
26.		$constant = constant + 1$；
27.		**end if**
28.		**if** $constant \leqslant constant\_T/2$
29.		按比例 pm 将候选解集 S 中最差解替换为 $bestsofar\_s$；
30.		**end if**
31.		$k = k+1$；
32.	**end while**	
33.	采用扰动中的 Reassign-vehicle 给路径重新分配车辆。	

（2）MS_ANS。

为对比 RFCR 对算法求解效率的影响，本节同时设计一种不考虑 RFCR 的多起点自适应邻域搜索算法（Multi-Start Adaptive Neighborhood Search，MS_ANS）用于求解 PDPSTTW。该算法由 MS_ANS+RFCR 剔除 RFCR 理论而来，即在 K-插入-tw、K-扩散-tw、K-移除-tw、K-替换-tw 等四个邻域变换方法中选择需求 i 和插入路径 j 时不要求确保

$pd\_R\_judge_{i,j} = 1$。

（3）Gurobi。

本书同时采用精确算法软件 Gurobi 对 PDPSTTW 的算例进行计算，以对比启发式算法 MS_ANS+RFCR 和 MS_ANS 的效果。

4. 预计求解质量和求解时间分析

对比 Gurobi、MS_ANS 和 MS_ANS+RFCR 易知：如计算时间和内存充足，作为精确算法软件的 Gurobi 所求得的解一般为最优解或者更接近最优解，即 Gurobi 要优于其他两种启发式求解方法；MS_ANS 和 MS_ANS+RFCR 的邻域方法、算法框架和计算终止时间基本相同，不同之处在于 MS_ANS+RFCR 纳入了 RFCR 原则，以提高邻域变换成功率，因此，预计两者的求解时间相差不大，MS_ANS+RFCR 所求解的质量预计将高于 MS_ANS。以上初步分析结论将通过下节算例实验予以进一步验证。

4.4 算例设计及测试分析

为了对比 MS_ANS 和 MS_ANS+RFCR 的效率，本书设计了 90 个 PDPSTTW 算例。算例分为基于小规模路网（3×4）、中等规模路网（6×8）和大规模路网（10×10）。下面将列出算例设计方法、算法参数设置和计算结果分析。

4.4.1 算例设计和算法参数设置

1. 算例设计

本节中算例的命名规则为：m_0-n_0-p_1-p_2-p_3-t-q。其中 m_0-n_0 为算例连通图的规模，图中连接边按照概率 $1/p_1$ 删除，两点间按照概率 $1/p_2$ 生成需求，每点按照概率 $1/p_3$ 生成车辆，t 为时间窗的上、下限差值，q 为车辆装载能力和平均需求量的比值。例如，在算例 3-4-10-3-3-5-3 中：算例连通图的规格为 3×4（12 个节点），每条连接边按概率 1/10 删除，任意两点间按概率 1/3 生成需求，每一点生成车辆的概率为 1/3。时间窗的上、下限差值为 5，车辆装载能力和平均需求量的比值为 3。连通图中两邻接点间距离的取值范围为 0.5~1.5 且仅有一条最短路。车辆的运行里程上限设置为 $D=(m_0+1)\times 2$，停站次数上限设置为 $M_0=(m_0+1)\times 2$。每个需求的需求量取值范围为 10~20，平均值为 15。本节生成的 90 个算例数据可见附录 B 中的 PDPSTTW 算例。为验证路网规模、需求和车辆等的参数对算法求解效率的影响，设置算例时考虑了以上参数的区分。

2. 计算环境和算法参数设定

（1）计算环境。

采用 Matlab + Yalmip 工具箱 + Gurobi 进行编码，计算设备的配置如下：Intel（R）Core（TM）i7-4510U 2.00 GH Processor + 8 GB RAM，64-bit Windows 8。

（2）算法参数设置。

本章算法中参数的具体设置如表 4-5 所示。

表 4-5 算法参数设置

符号	含义	值
n	候选解集的规模	90
constant_T	解无改进算法终止总迭代次数	constant_T = exp(-10/num_pd-pairs)×(30+num_pd-pairs)
K	邻域内部迭代次数控制参数	3
$pc(k)$	扰动中的邻域选择概率	K-插入-tw、K-扩散-tw、K-移除-tw、K-替换-tw、路径删除和重新指派车辆分别为：2/9, 2/9, 1/9, 2/9, 1/9 和 1/9
σ_i $i=1,2,3$	邻域变换不同结果的评分	9, 3, 1
r	邻域最新表现对权重选择的影响程度	0.9
K_0	邻域选择概率更新子阶段迭代次数	100
K_1	局域搜索次数	14
pm	最差解的替换比例	1/8

附注：constant_T 中的 *num_pd_pairs* 为需求数量。

如表 4-5 所示，在采用 Gurobi 求解时，计算的终止条件是：获得最优解或所求上界与当前解的差距在 5% 以内或计算时间大于 108000 s。Gurobi 终止计算时间设置比较长是为了得到尽可能接近问题最优解的结果，以比较启发式算法的求解效果。本章中启发式算法的参数设置参照了 Ropke 和 Pisinger（2006）[90]以及第 3 章中算法的相关参数设置，并通过选取各种规模试算算例进行了调试修改，设置原则为平衡计算时间和求解质量。

4.4.2 测试结果及分析

PDPSTTW 算例试验结果中的相关指标含义如表 4-6 所示。

表 4-6 PDPSTTW 算例试验结果的中相关指标含义

指标	含义
UB	Gurobi 获得的解的上界
LB	Gurobi 获得的当前最优解
Gap	LB 和 UB 间的差值：$Gap = (UB - LB)/UB$（%）
LB_A	MS_ANS+RFCR 或 MS_ANS 获得的平均解
LB_B	MS_ANS+RFCR 或 MS_ANS 获得的最优解
Gap_A	LB_A 和 LB 间的差值：$Gap\_A = (LB - LB\_A)/LB$（%）
Gap_B	LB_B 和 LB 间的差值：$Gap\_B = (LB - LB\_B)/LB$（%）
Time	算法平均计算时间（s）

表 4-7，表 4-8 和表 4-9 分别列出了小、中、大三种路网规模（路网节点数分别为 3×4，6×8，10×10）算例采用 Gurobi，MS_ANS 和 MS_ANS+RFCR 的求解结果，其中，每个算例均采用启发式算法计算十次。

结果显示：

（1）对于需求数量 90 以内的算例，Gurobi 一般可以求出最优解。

（2）对于大多数 Gurobi 能获得可行解的算例，MS_ANS 和 MS_ANS+RFCR 能得到和 Gurobi 的差距小于 5% 的解。

（3）MS_ANS，MS_ANS+RFCR 和 Gurobi 的求解速度和连通图规模的大小关系不大。

表 4-7 小规模路网 PDPSTTW 算例求解结果

算例	需求数	车辆数	Gurobi UB	Gurobi LB	Gurobi Gap	Gurobi Time	MS_ANS+RFCR LB_A	MS_ANS+RFCR LB_B	MS_ANS+RFCR Gap_A	MS_ANS+RFCR Gap_B	MS_ANS+RFCR Time	MS_ANS LB_A	MS_ANS LB_B	MS_ANS Gap_A	MS_ANS Gap_B	MS_ANS Time
3-4-10-1-1-5-3	132	132	-	-	-	-	319386	319421	-	-	93	319286	319371	-	-	104
3-4-10-1-1-5-5	132	132	-	-	-	-	187073	187126	-	-	133	187051	187051	-	-	120
3-4-10-1-3-5-3	132	44	318615	260655	18.19%	124069	281310	282968	-7.92%	-8.56%	171	274035	275055	-5.13%	-5.52%	106
3-4-10-1-3-5-5	132	44	-	-	-	-	174513	176609	-	-	244	171686	172924	-	-	185
3-4-10-1-10-5-3	132	14	158326	117666	25.68%	110354	116199	117303	1.25%	0.31%	151	111428	112612	5.30%	4.30%	193
3-4-10-1-10-5-5	132	14	144968	99424	31.42%	113015	92278	94712	7.19%	4.74%	255	86851	89885	12.65%	9.59%	246
3-4-10-2-1-5-3	71	71	169264	169117	0.09%	41487	169079	169105	0.02%	0.01%	56	169023	169066	0.06%	0.03%	65
3-4-10-2-1-5-5	67	67	94478	94451	0.03%	28871	94406	94433	0.05%	0.02%	67	94423	94428	0.03%	0.02%	54
3-4-10-2-3-5-3	50	17	95415	92902	2.63%	33924	88178	90717	5.08%	2.35%	55	85772	85818	7.68%	7.63%	42
3-4-10-2-3-5-5	71	24	92960	92653	0.33%	10394	91712	92319	1.02%	0.36%	94	86961	88248	6.14%	4.75%	98
3-4-10-2-10-5-3	68	7	60428	60428	0.00%	7881	59056	60036	2.27%	0.65%	56	58131	59050	3.80%	2.28%	58
3-4-10-2-10-5-5	66	7	46818	39189	16.30%	108117	38173	38728	2.59%	1.18%	53	37738	38841	3.70%	0.89%	67
3-4-10-3-1-5-3	53	53	150629	150598	0.02%	951	150598	150598	0.00%	0.00%	30	150569	150577	0.02%	0.01%	48
3-4-10-3-1-5-5	39	4	21543	21543	0.00%	13	21415	21543	0.59%	0.00%	27	21351	21351	0.89%	0.89%	32
3-4-10-3-3-5-3	47	16	92673	92598	0.08%	10033	92048	92278	0.59%	0.35%	40	90183	90848	2.61%	1.89%	43
3-4-10-3-3-5-5	35	12	41540	41540	0.00%	372	40651	41100	2.14%	1.06%	31	40236	40563	3.14%	2.35%	38
3-4-10-3-10-5-3	42	5	38883	38883	0.00%	47	38297	38883	1.51%	0.00%	21	38004	38004	2.26%	2.26%	32
3-4-10-3-10-5-5	37	4	22350	22350	0.00%	48	21037	21890	5.88%	2.06%	22	20533	20964	8.13%	6.20%	41
3-4-10-5-1-5-3	21	21	60792	60792	0.00%	8	60792	60792	0.00%	0.00%	10	60792	60792	0.00%	0.00%	18
3-4-10-5-1-5-5	20	20	30007	29992	0.05%	13	29990	29992	0.01%	0.00%	16	29992	29992	0.00%	0.00%	18
3-4-10-5-3-5-3	25	9	52281	52281	0.00%	9	51546	51546	1.41%	1.41%	17	51546	51546	1.41%	1.41%	31
3-4-10-5-3-5-5	20	7	24832	24832	0.00%	20	24822	24822	0.04%	0.04%	26	24822	24822	0.04%	0.04%	21
3-4-10-5-10-5-3	33	4	19376	19376	0.00%	14	18507	18507	4.48%	4.48%	21	18776	19315	3.10%	0.32%	23
3-4-10-5-10-5-5	26	3	16690	16690	0.00%	58	16570	16570	0.72%	0.72%	19	16570	16570	0.72%	0.72%	18
3-4-10-10-1-5-3	10	10	16437	16437	0.00%	50	16437	16437	0.00%	0.00%	16	16437	16437	0.00%	0.00%	10
3-4-10-10-1-5-5	8	8	11006	11006	0.00%	34	11006	11006	0.00%	0.00%	4	11006	11006	0.00%	0.00%	8
3-4-10-10-3-5-3	12	4	15304	15304	0.00%	50	15304	15304	0.00%	0.00%	5	15304	15304	0.00%	0.00%	14
3-4-10-10-3-5-5	9	3	7820	7820	0.00%	48	7556	7556	3.37%	3.37%	7	7556	7556	3.37%	3.37%	10
3-4-10-10-10-5-3	11	2	10255	10255	0.00%	47	10255	10255	0.00%	0.00%	24	10255	10255	0.00%	0.00%	10
3-4-10-10-10-5-5	19	2	8607	8607	0.00%	50	8607	8607	0.00%	0.00%	14	8607	8607	0.00%	0.00%	25

表 4-8 中规模路网 PDPSTTW 算例求解结果

算例	需求数	车辆数	Gurobi UB	Gurobi LB	Gurobi Gap	Gurobi Time	MS_ANS+RFCR LB_A	MS_ANS+RFCR LB_B	MS_ANS+RFCR Gap_A	MS_ANS+RFCR Gap_B	MS_ANS+RFCR Time	MS_ANS LB_A	MS_ANS LB_B	MS_ANS Gap_A	MS_ANS Gap_B	MS_ANS Time
6-8-10-1-5-3	211	211	-	-	-	-	978677	978686	-	-	114	978649	978690	-	-	187
6-8-10-1-5-5	208	208	-	-	-	-	594239	594265	-	-	122	594095	594161	-	-	208
6-8-10-3-5-3	255	85	-	-	-	-	878552	882027	-	-	296	868183	871703	-	-	230
6-8-10-3-5-5	219	73	-	-	-	-	480506	482577	-	-	360	467306	472348	-	-	256
6-8-10-10-5-3	213	22	-	-	-	-	192047	193403	-	-	350	190866	196363	-	-	267
6-8-10-10-5-5	226	23	-	-	-	-	298630	300209	-	-	147	298238	302151	-	-	232
6-8-10-25-1-5-3	89	89	-	-	-	-	403829	403832	-	-	30	403818	403827	-	-	65
6-8-10-25-1-5-5	74	74	194613	194613	0.00%	868	194593	194613	0.01%	0.00%	31	194569	194613	0.02%	0.00%	55
6-8-10-25-3-5-3	85	29	255873	255873	0.00%	374	254894	255005	0.38%	0.34%	45	253936	254838	0.76%	0.40%	54
6-8-10-25-3-5-5	102	34	207096	207096	0.00%	1271	201621	201738	2.64%	2.59%	77	198365	199674	4.22%	3.58%	76
6-8-10-25-10-5-3	88	9	100987	100987	0.00%	65	95464	95464	5.47%	5.47%	50	94353	95464	6.57%	5.47%	58
6-8-10-25-10-5-5	97	10	74768	74768	0.00%	228	72831	73023	2.59%	2.33%	67	72530	73023	2.99%	2.33%	63
6-8-10-50-1-5-3	45	45	191497	191497	0.00%	89	191497	191497	0.00%	0.00%	50	191497	191497	0.00%	0.00%	23
6-8-10-50-1-5-5	28	28	62406	62406	0.00%	24	62344	62344	0.10%	0.10%	65	62344	62344	0.10%	0.10%	24
6-8-10-50-3-5-3	37	13	97740	97740	0.00%	15	94362	96363	3.46%	1.41%	20	94570	96363	3.24%	1.41%	31
6-8-10-50-3-5-5	40	14	57969	57969	0.00%	19	56436	56436	2.64%	2.64%	15	56436	56436	2.64%	2.64%	29
6-8-10-50-10-5-3	47	5	56937	56937	0.00%	11	56937	56937	0.00%	0.00%	17	56937	56937	0.00%	0.00%	28
6-8-10-50-10-5-5	56	6	36443	36443	0.00%	17	36041	36041	1.10%	1.10%	31	36041	36041	1.10%	1.10%	35
6-8-10-100-1-5-3	27	27	125178	125178	0.00%	23	125178	125178	0.00%	0.00%	20	125178	125178	0.00%	0.00%	18
6-8-10-100-1-5-5	21	21	61696	61696	0.00%	11	61696	61696	0.00%	0.00%	45	61696	61696	0.00%	0.00%	16
6-8-10-100-3-5-3	22	8	63152	63152	0.00%	5	63152	63152	0.00%	0.00%	11	63152	63152	0.00%	0.00%	18
6-8-10-100-3-5-5	22	8	34999	34999	0.00%	4	34999	34999	0.00%	0.00%	18	34999	34999	0.00%	0.00%	19
6-8-10-100-10-5-3	24	24	28087	28087	0.00%	2	28087	28087	0.00%	0.00%	15	28087	28087	0.00%	0.00%	18
6-8-10-100-10-5-5	19	19	12124	12124	0.00%	2	12124	12124	0.00%	0.00%	7	12124	12124	0.00%	0.00%	14
6-8-10-200-1-5-3	15	15	74524	74524	0.00%	5	74524	74524	0.00%	0.00%	6	74524	74524	0.00%	0.00%	15
6-8-10-200-1-5-5	10	10	25180	25180	0.00%	6	25164	25164	0.06%	0.06%	5	25164	25164	0.06%	0.06%	10
6-8-10-200-3-5-3	22	8	56074	56074	0.00%	5	56074	56074	0.00%	0.00%	5	56074	56074	0.00%	0.00%	14
6-8-10-200-3-5-5	15	5	18556	18556	0.00%	11	18556	18556	0.00%	0.00%	6	18556	18556	0.00%	0.00%	14
6-8-10-200-10-5-3	12	2	17035	17035	0.00%	10	17035	17035	0.00%	0.00%	3	17035	17035	0.00%	0.00%	11
6-8-10-200-10-5-5	16	2	10598	10598	0.00%	2	10598	10598	0.00%	0.00%	5	10598	10598	0.00%	0.00%	13

表 4-9 大规模路网 PDPSTTW 算例求解结果

算例	需求数	车辆数	Gurobi				MS_ANS+RFCR					MS_ANS				
			UB	LB	Gap	Time	LB_A	LB_B	Gap_A	Gap_B	Time	LB_A	LB_B	Gap_A	Gap_B	Time
10-10-10-1-5-3	1034	1034	-	-	-	-	1320473	1320485	-	-	86	1320460	1320502	-	-	146
10-10-10-1-5-5	1010	1010	-	-	-	-	766361	766450	-	-	145	766327	766423	-	-	232
10-10-10-3-5-3	991	331	-	-	-	-	772863	775988	-	-	131	765438	766230	-	-	167
10-10-10-3-5-5	991	331	-	-	-	-	580376	584430	-	-	203	571932	572518	-	-	193
10-10-10-10-5-3	974	98	-	-	-	-	391736	392703	-	-	195	387961	391190	-	-	251
10-10-10-10-5-5	1011	102	-	-	-	-	252200	253413	-	-	146	250266	257262	-	-	231
10-10-10-100-1-5-3	115	115	-	-	-	-	692409	692413	-	-	48	692397	692413	-	-	58
10-10-10-100-1-5-5	93	93	-	-	-	-	368641	368648	-	-	63	368585	368603	-	-	57
10-10-10-100-3-5-3	82	28	322336	322336	0.00%	178	308596	309846	4.26%	3.87%	52	307970	307970	4.46%	4.46%	43
10-10-10-100-3-5-5	82	28	202746	202746	0.00%	188	192229	192229	5.19%	5.19%	65	192240	192812	5.18%	4.90%	44
10-10-10-100-10-5-3	115	12	187222	187222	0.00%	143	178863	187222	4.46%	0.00%	67	172930	174684	7.63%	6.70%	58
10-10-10-100-10-5-5	122	13	114707	114707	0.00%	263	108986	109435	4.99%	4.60%	64	109284	110872	4.73%	3.34%	87
10-10-10-200-1-5-3	45	45	272367	272367	0.00%	73	272367	272367	0.00%	0.00%	18	272367	272367	0.00%	0.00%	28
10-10-10-200-1-5-5	50	50	188862	188862	0.00%	104	188862	188862	0.00%	0.00%	26	188862	188862	0.00%	0.00%	36
10-10-10-200-3-5-3	59	20	215979	215979	0.00%	44	213553	213553	1.12%	1.12%	23	213553	213553	1.12%	1.12%	31
10-10-10-200-3-5-5	59	20	151872	151872	0.00%	43	147192	147192	3.25%	3.08%	29	146796	147025	3.34%	3.19%	36
10-10-10-200-10-5-3	54	6	81345	81345	0.00%	23	81345	81345	0.00%	0.00%	18	81345	81345	0.00%	0.00%	29
10-10-10-200-10-5-5	56	6	55551	55551	0.00%	18	52804	52804	4.94%	4.94%	30	52804	52804	4.94%	4.94%	38
10-10-10-500-1-5-3	20	20	127357	127357	0.00%	6	127357	127357	0.00%	0.00%	15	127357	127357	0.00%	0.00%	13
10-10-10-500-1-5-5	28	28	108929	108929	0.00%	25	108848	108848	0.07%	0.07%	21	108848	108848	0.07%	0.07%	21
10-10-10-500-3-5-3	20	7	81496	81496	0.00%	3	81496	81496	0.00%	0.00%	15	81496	81496	0.00%	0.00%	13
10-10-10-500-3-5-5	20	7	48514	48514	0.00%	7	47255	47255	2.60%	2.60%	14	47255	47255	2.60%	2.60%	17
10-10-10-500-10-5-3	14	2	25840	25840	0.00%	1	25840	25840	0.00%	0.00%	15	25840	25840	0.00%	0.00%	14
10-10-10-500-10-5-5	16	2	12982	12982	0.00%	2	12982	12982	0.00%	0.00%	15	12982	12982	0.00%	0.00%	19
10-10-10-1000-1-5-3	7	7	32400	32400	0.00%	2	32400	32400	0.00%	0.00%	13	32400	32400	0.00%	0.00%	11
10-10-10-1000-1-5-5	7	7	21541	21541	0.00%	2	21541	21541	0.00%	0.00%	10	21541	21541	0.00%	0.00%	8
10-10-10-1000-3-5-3	7	3	22857	22857	0.00%	2	22857	22857	0.00%	0.00%	10	22857	22857	0.00%	0.00%	11
10-10-10-1000-3-5-5	7	3	13579	13579	0.00%	2	13579	13579	0.00%	0.00%	9	13579	13579	0.00%	0.00%	11
10-10-10-1000-10-5-3	13	2	21997	21997	0.00%	2	21997	21997	0.00%	0.00%	9	21997	21997	0.00%	0.00%	14
10-10-10-1000-10-5-5	8	1	5953	5953	0.00%	1	5953	5953	0.00%	0.00%	10	5953	5953	0.00%	0.00%	13

（4）需求和车辆的数量（两者乘积）是 Gurobi 计算时间的主要影响因素，而 MS_ANS 和 MS_ANS+RFCR 的计算时间则主要和算例中的需求数量有关。

（5）对于需求和车辆数量较大的算例，Gurobi 基本无法得到可行解。

（6）对于本章中的全部算例，MS_ANS 和 MS_ANS+RFCR 均能在可接受的时间内得到比较满意的解。对于需求数量较大的算例，MS_ANS 和 MS_ANS+RFCR 的时效性要优于 Gurobi。

（7）MS_ANS+RFCR 在求解本章算例时，其解的质量一般要优于 MS_ANS。

4.4.3　路径可行判断规则效果分析

根据算例计算结果可知：

（1）算例中，MS_ANS+RFCR 和 MS_ANS 的邻域变换成功率如图 4-2 所示。由图可知，采用了路径可行判断规则（RFCR）的 MS_ANS+RFCR 在计算过程中邻域操作的成功率远高于未采用该规则的 MS_ANS。

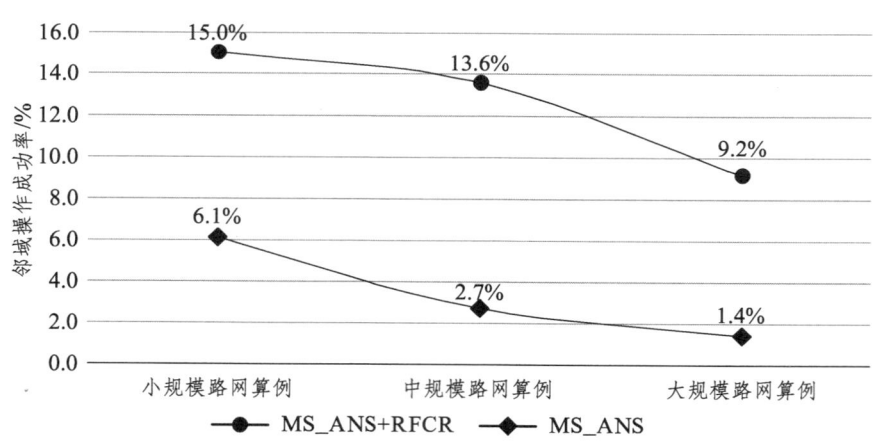

图 4-2　MS_ANS 和 MS_ANS+RFCR 邻域操作成功率

（2）令算法的平均时效 = 全部算例 LB_A 的平均值/$Time$ 的平均值，

同样终止条件下，MS_ANS+RFCR 和 MS_ANS 的平均时效比值如图 4-3 所示。由图可知，对于大多数算例，采用了 RFCR 的 MS_ANS+RFCR 的平均时效要高于未采用该规则的 MS_ANS 的平均时效。

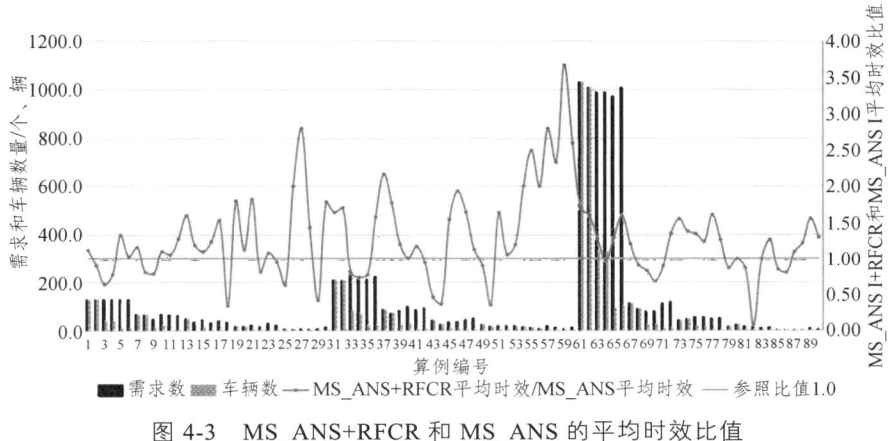

图 4-3　MS_ANS+RFCR 和 MS_ANS 的平均时效比值

（3）针对 90 个算例，采用 MS_ANS+RFCR 和 MS_ANS 计算十次所得的最好解的比值如 4-4 所示。由图可知，采用了 RFCR 的 MS_ANS+RFCR 所得最好解整体上要优于未采用该规则的 MS_ANS。

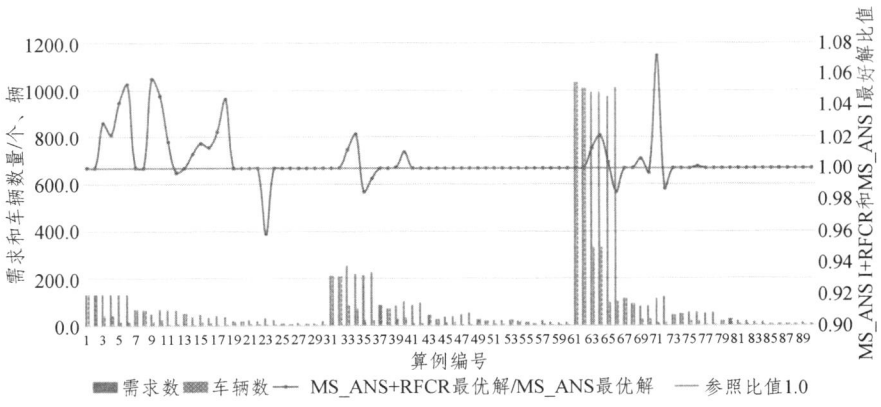

图 4-4　MS_ANS+RFCR 和 MS_ANS 最好解的比值

（4）针对 90 个算例，采用 MS_ANS+RFCR 和 MS_ANS 计算十次所得的平均优化解的比值如图 4-5 所示。由图可知，采用了 RFCR 的 MS_ANS+RFCR 所得平均优化解整体上要优于未采用该规则的 MS_ANS。

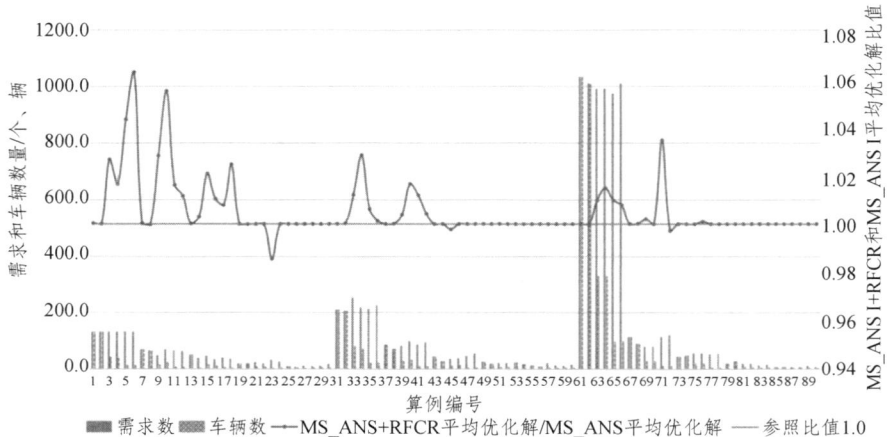

图 4-5　MS_ANS+RFCR 和 MS_ANS 平均优化解的比值

总体而言，RFCR 大幅度地提升了 MS_ANS 中邻域变换的成功率，进而有效提高了算法的求解质量和求解时效。在需求和车辆数比较大的算例中，RFCR 对解质量的提升效果更为明显。由此可见，RFCR 规则对于求解 PDPSTTW 的算例具有较大的价值。本节算例的试验结果也进一步验证了第 4.3.3 节对于各种算法求解质量和求解时间的分析。

4.5　小　结

本章提出了一种新的 PDP——带时间窗的 PDPST（PDPSTTW），该问题来源于乘客对出行品质要求较高的一些实际路网型运输组织问题，如客户具有出行时间窗要求的网约车拼车调度优化问题等。设计了一种多起点自适应邻域搜索算法（MS_ANS）和六种邻域变换方法用于求解该类问题，并研究了路径可行判断规则（RFCR）用于提高邻域变换成功率以提高启发式算法的求解效率。经与 Gurobi 的计算结果比较发现，结合 RFCR 理论的 MS_ANS 能在更少的时间内得到和 Gurobi 相近的解，且在求解带时间窗的 PDPST（PDPSTTW）时，其求解质量和时效性均优于 MS_ANS，预计它在求解第 5 章待研究的需求可拆分的且带时间窗的 PDPST（PDPSTTWSL）时也具有较大的应用价值。因此，本章对 PDPSTTW 的研究也为下一章将展开的 PDPSTTWSL 的研究打下了基础。

第 5 章

需求可拆分且带时间窗的 PDPST 研究

本章拟结合一些运输组织问题中存在的需求可拆分的特征和乘客出行时间窗的要求，提出一种需求可拆分且带时间窗的 PDPST（PDPSTTWSL），并基于前面所研究的需求可拆分的 PDPST 和带时间窗的 PDPST 的相关理论，对 PDPSTTWSL 的模型、求解方法和解质量等进行研究，作为后续案例研究的理论基础。

5.1 问题描述及建模

5.1.1 问题背景及描述

1. 问题背景

近年来，随着社会经济的快速发展，乘客对出行品质的要求日益增加。同时，由于交通运输基础设施建设带来的运力增长，高速铁路等运输行业在制定运输计划时能逐渐更多地考虑旅客的出行时间窗偏好。结合第 3 章和第 4 章的研究基础，可将该类问题的主要特征归纳为：（1）旅客要求在规定的时间范围内按照最短路（距离最短、时间最少、成本最低等）出行。（2）车辆要求沿着路径（Path）运行，即不允许车辆重复访问同一站点。（3）起止站点和时间窗相同的旅客可乘坐不同的车辆，即运输需求可拆分。

该类问题可以提炼为 PDPSTTWSL，下面将就此问题展开研究，为相关实际应用问题的求解提供理论支持。

2. 问题描述

在连通图 $G = (V, E)$ 中，$V = \{1,\cdots,n\}$ 表示顶点集合，$E = \{1,\cdots,e\}$ 表示边集合，需求集合记为 $P = \{1,\cdots,p\}$，车辆集合记为 $K = \{1,\cdots,m\}$。需求 i 的需求量记为 q_i，运输单位需求量的收益记为 π_i，车辆 $k \in K$ 的装载能力记为 Q^k，车辆固定使用成本记为 vc^k，车辆单位里程的运行成本记为 tc^k，车辆在站点 n 的停站成本记为 sc_n^k。需求 i 取送点间的距离记为 d_i，取送点的服务时间记为 s_i，在取点服务的时间窗记为 $[a_i, b_i]$，从起点随车辆 k 运行到送点所需时间记为 $t_{i,i+p}^k$，在送点服务的时间窗记为

$[a_{i+p}, b_{i+p}]$，其中 $a_{i+p} = a_i + s_i + t_{i,i+p}^k$ 且 $b_{i+p} = b_i + s_i + t_{i,i+p}^k$。每辆车必须在所承载旅客要求的时间窗内进行服务。为表述取送点的时间窗之间的关系，定义 $P_1 = \{1,\cdots,p\}$ 为需求取点的集合，定义 $P_2 = \{p+1,\cdots,2p\}$ 为需求送点的集合，两者不属于实际连通图中对应节点的集合 V。

该问题还需满足以下要求：

（1）需求必须根据客户的时间窗要求沿着最短路运输且允许拆分（此点与第 4 章中所研究的 PDPSTTW 不同）。允许同一车辆同时取送不同需求。

（2）车辆有各自的初始位置。接受任务后，从第一个取点开始，车辆的运行路线要求是一条不重复访问任一站点的路径（Path）。车辆最后不用回到其初始位置，运行路线为开放式。

（3）每辆车不能超载。从第一个取点开始统计，车辆运行里程不能超过 D，停站次数不能超过 M_0。

（4）车辆的成本总和由固定使用成本总和、运行成本总和、停站成本总和组成。

（5）为了实现效益最大化，允许需求不被运输的情况存在。

（6）连通图中的任意两点之间只有唯一最短路。

该问题的优化目标为通过合理安排车辆路径以实现收益最大化。

本节的 PDPSTTWSL 为前面 PDPSTSL 和 PDPSTTW 的组合问题。虽然 PDPSTTWSL 与以上两种问题在描述形式上的差别不大，但三者的解空间特性的差别较大，应用情形也不相同，需要根据问题特征重新构建模型并设计新的求解方法。

5.1.2 数学模型及其线性化

1. 数学模型

本章模型所涉及的相关符号含义详见书前"符号说明"部分。

PDPSTTWSL 具有和基础 PDPST 一样的路径结构，因此，同样采用基于需求/车辆和需求间连接关系的方式建立模型。PDPSTTWSL 模型为一个混合整数非线性规划模型，其表述如下：

（1）目标函数。

PDPSTTWSL 模型的目标函数由四部分组成：总收入、车辆固定使用成本总和、车辆运行成本总和与车辆停站成本总和。

总收入：

$$\sum_{k \in K} \sum_{i \in P} \pi_i \cdot qs_i^k \tag{5-1}$$

车辆固定使用成本总和：

$$\sum_{k \in K} \sum_{j \in P} vc^k \cdot x_{p+1,j}^k \tag{5-2}$$

车辆运行成本总和：

$$\sum_{k \in K} tc^k \cdot \left(\sum_{e \in E} le_e \cdot y_e^k + \sum_{i \in P \cup \{p+1\}} \sum_{j \in P} lc_{i,j} \cdot x_{i,j}^k \right) \tag{5-3}$$

车辆停站成本总和：

$$\sum_{k \in K} \sum_{n \in V} sc_n^k \cdot sn_n^k \tag{5-4}$$

PDPSTSL 的优化目标为寻找如下收益最大化的车辆路径方案：

$$\sum_{k \in K} \sum_{i \in P} \pi_i \cdot qs_i^k - \left[\sum_{k \in K} \sum_{j \in P} vc^k \cdot x_{p+1,j}^k + \sum_{k \in K} tc^k \cdot \left(\sum_{e \in E} le_e \cdot y_e^k \right. \right.$$
$$\left. \left. + \sum_{i \in P \cup \{p+1\}} \sum_{j \in P} lc_{i,j} \cdot x_{i,j}^k \right) + \sum_{k \in K} \sum_{n \in V} sc_n^k \cdot sn_n^k \right]$$

（2）约束条件。

需求/车辆 i 和需求 j 的连接次序约束：

$$x_{i,j}^k \leqslant ct_{i,j}, \forall k \in K, i \in P \cup \{p+1\}, j \in P \tag{5-5}$$

$$x_{i,j}^k \leqslant \sum_{i_0 \in P \cup \{p+1\}} ca_{i_0,i} \cdot x_{i_0,i}^k, \forall k \in K, i, p \in P \tag{5-6}$$

$$\sum_{j \in P} ca_{i,j} \cdot x_{i,j}^k \leqslant 1, \forall k \in K, i \in P \cup \{p+1\} \tag{5-7}$$

$$x_{i,i}^k = 0, \forall k \in K, i \in P \quad (5\text{-}8)$$

$$\sum_{i \in P \cup \{p+1\}} x_{i,j}^k \leq 1, \forall k \in K, j \in P \quad (5\text{-}9)$$

其中：约束条件式（5-5）~（5-9）决定需求/车辆 i 和需求 j 的连接次序。

需求拆分约束：

$$\sum_{k \in K} qs_i^k \leq q_i, \forall i \in P \quad (5\text{-}10)$$

$$\sum_{j \in P \cup \{p+1\}} x_{j,i}^k \cdot M \geq qs_i^k, \forall k \in K, i \in P \quad (5\text{-}11)$$

式（5-10）和（5-11）确定拆分方案，其中 M 为一个充分大的正值。

车辆装载能力约束：

$$\sum_{i \in P} (ld_{i,e} \cdot qs_i^k) \leq Q^k, \forall k \in K, e \in E \quad (5\text{-}12)$$

式（5-12）确保车辆不超载。

车辆停站次数约束：

$$sn_n^k \geq sod_{i,n} \cdot \sum_{j \in P \cup \{p+1\}} x_{j,i}^k, \forall k \in K, i \in P, n \in V \quad (5\text{-}13)$$

$$\sum_{n \in V} sn_n^k \leq M_0, \forall k \in K \quad (5\text{-}14)$$

其中：式（5-13）决定车辆的停站点；式（5-14）确保车辆的停站总数不超过 M_0（从第一个取点开始统计）。

车辆途经路段约束：

$$ld_{i,e} \cdot \sum_{j \in P \cup \{p+1\}} x_{j,i}^k \leq y_e^k, \forall k \in K, i \in P, e \in E \quad (5\text{-}15)$$

式（5-15）确定车辆在所途经路段的负载状态。

路径分配车辆约束：

$$y_e^k \leq \sum_{j \in P} x_{p+1,j}^k, \forall k \in K, e \in E \quad (5\text{-}16)$$

式（5-16）确定路径的车辆分配方案。

路径长度约束：

$$\sum_{e \in E} le_e \cdot y_e^k + \sum_{i \in P} \sum_{j \in P} lc_{i,j} \cdot x_{i,j}^k \leq D, \forall k \in K \quad (5\text{-}17)$$

式（5-17）确保每条路径的总长度不超过 D（从第一个取点开始统计）。

时间窗约束：

$$(T_r^k + s_r + t_{r,s}^k - T_s^k) \cdot ord_{r,s} \cdot \sum_{i_0 \in P \cup \{p+1\}} x_{i_0,i}^k \cdot \sum_{j_0 \in P \cup \{p+1\}} x_{j_0,j}^k \leq 0,$$
$$\forall k \in K; i, j \in P; r, s \in \{i, i+p, j, j+p\} \quad (5\text{-}18)$$

$$a_i \leq T_i^k \leq b_i - s_i, \forall k \in K, i \in P_1 \cup P_2 \quad (5\text{-}19)$$

$$x_{p+1,i}^k \cdot tvo_i^k \leq T_i^k, \forall k \in K, i \in P \quad (5\text{-}20)$$

其中：式（5-18）确定两个需求组合形成的路径中停站点的作业时间，式（5-19）确保车辆按照时间窗要求在站点作业，式（5-20）确定车辆到达第一个取点的时间。

（3）决策变量。

$$x_{i,j}^k \in \{0,1\}, \forall k \in K, i \in P \cup \{p+1\}, j \in P \quad (5\text{-}21)$$

$$qs_i^k \geq 0, \forall k \in K, i \in P \quad (5\text{-}22)$$

$$y_e^k \in \{0,1\}, \forall k \in K, e \in E \quad (5\text{-}23)$$

$$sn_n^k \in \{0,1\}, \forall k \in K, n \in V \quad (5\text{-}24)$$

$$T_i^k \in \{1,2,3,\cdots\}, \forall k \in K, i \in P_1 \cup P_2 \quad (5\text{-}25)$$

其中：式（5-21）~（5-25）为决策变量的取值范围。

2. 模型线性化

本章拟采用 Gurobi 对 PDPSTTWSL 的算例进行计算，以对比本书所提出的启发式方法的效果。因为 PDPSTTWSL 模型中式（5-18）为非线性约束条件，故该模型为混合整数非线性规划模型。该模型需线性化之后方能采用 Gurobi 计算。因为式(5-18)是非线性公式，故参照第 4.1.2 节的模型线性化方法，令：

$$g_i^k = \sum_{j_0 \in P \cup \{p+1\}} x_{j_0,i}^k, \forall k \in K \tag{5-26}$$

$$v_{i,j}^k = g_i^k \cdot g_j^k, \ \forall k \in K; i,j \in P \tag{5-27}$$

$$(T_r^k + s_r + t_{r,s}^k - T_s^k) \cdot ord_{r,s} \cdot v_{i,j}^k \leq 0, k \in K; i,j \in P; r,s \in \{i, i+p, j, j+p\} \tag{5-28}$$

因此，式（5-18）可以被式（5-26）、（5-27）和（5-28）代替。

式（5-27）和（5-28）均为非线性，且 g_i^k 为 0-1 变量，因此，式（5-27）可以用式（5-29）和（5-30）代替：

$$g_j^k - (1 - g_i^k) \cdot M \leq v_{i,j}^k \leq g_j^k + (1 - g_i^k) \cdot M, \forall k \in K; i,j \in P \tag{5-29}$$

$$-(1 - g_i^k) \cdot M \leq v_{i,j}^k \leq (1 - g_i^k) \cdot M, \forall k \in K; i,j \in P \tag{5-30}$$

令：

$$h_{r,s}^k = (T_r^k + s_r + t_{r,s}^k - T_s^k) \cdot ord_{r,s}, k \in K; i,j \in P; r,s \in \{i, i+p, j, j+p\} \tag{5-31}$$

因此，式（5-28）可以用式（5-32）和（5-33）代替：

$$z_{r,s}^k = h_{r,s}^k \cdot v_{i,j}^k, \ k \in K; i,j \in P; r,s \in \{i, i+p, j, j+p\} \tag{5-32}$$

$$z_{r,s}^k \leq 0, \ k \in K; i,j \in P; r,s \in \{i, i+p, j, j+p\} \tag{5-33}$$

式（5-32）为非线性，且 $v_{i,j}^k$ 为 0-1 变量，因此，式（5-32）可以用式（5-34）和（5-35）代替：

$$h_{r,s}^k - (1 - v_{i,j}^k) \cdot M \leq z_{r,s}^k \leq h_{r,s}^k + (1 - v_{i,j}^k) \cdot M,$$
$$\forall k \in K; i,j \in P; r,s \in \{i, i+p, j, j+p\} \tag{5-34}$$

$$-(1 - v_{i,j}^k) \cdot M \leq z_{r,s}^k \leq (1 - v_{i,j}^k) \cdot M,$$
$$\forall k \in K; i,j \in P; r,s \in \{i, i+p, j, j+p\} \tag{5-35}$$

最终，通过将非线性约束式（5-18）替换成式（5-26）、（5-29）、（5-30）、（5-31）、（5-33）、（5-34）和（5-35），可将 PDPSTTWSL 模型修正成可采用 Gurobi 计算的混合整数线性规划模型。

以上所涉及符号的含义详见书前"符号说明"部分。

5.2　求解方法及其求解时间和求解质量分析

5.2.1　求解方法

参照第 3 章研究成果，求解本章中的 PDPSTTWSL 时采用同样的两大类拆分策略，分别对应两种具体求解方法 Approach Ⅴ 和 Approach Ⅵ。

1. Approach Ⅴ（过程拆分+改进的 MS_ANS+RFCR）

Approach Ⅴ 所采用的拆分策略 Ⅰ 为过程拆分：在该策略中，通过增加过程拆分中的邻域变换方法，对第 4.3 节中 PDPSTTW 的 MS_ANS+RFCR 进行改造，用于求解本章所研究的 PDPSTTWSL。改造的新算法的框架与 MS_ANS+RFCR 相同，仅在 MS_ANS 的六种邻域基础上增加了一种新的邻域变换方法 Split-tw。因此，可将其命名为改进的 MS_ANS+RFCR。

本节所提出的 Split-tw 与第 3.2.1 节过程拆分邻域变换方法中的拆分（Split）类似，其具体操作方法是：从路径 j_1 随机选择需求 i 插入新路径 j_2。当车辆超载时，则将需求 i 拆分插入新路径，并将超载部分留在原路径。与 Split 的不同之处是：在 Split-tw 的操作过程中要求保证相关路径方案满足时间窗要求。此外，为提高 Split-tw 的操作成功率且确保需求成功拆分，选择需求和路径时需考虑路径结构可行规则和时间窗可行规则，但不考虑装载力可行规则。

2. Approach Ⅵ（预拆分方法 Ⅰ+MS_ANS+RFCR）

Approach Ⅵ 采用的拆分策略 Ⅱ 为预拆分：该策略采用第 3.2.2 节提出的预拆分方法 Ⅰ 将 PDPSTTWSL 转变成 PDPSTTW，然后采用第 4.3 节中所研究的 MS_ANS+RFCR 进行求解。因第 3 章研究发现，预拆分方法 Ⅱ 和 Ⅲ 对应的求解方法效率不如预拆分方法 Ⅰ 对应的求解方法，因此，本节不再选用这两种预拆分方法进行需求预拆分。

表 5-1 列出了相关求解方法的分类情况。

表 5-1　PDPSTTWSL 求解方法分类

方法	拆分策略	算法
Approach V	I	改进的 MS_ANS+RFCR：第 4.3 节中的 MS_ANS+RFCR 算法中增加邻域变换方法 Split-tw（过程拆分）
Approach VI	II	第 4.3 节中的 MS_ANS+RFCR（预拆分方法I）

为对比以上两种求解方法的效率，本章 PDPSTTWSL 的算例将同时采用 Gurobi 求解。

5.2.2　预计求解时间和求解质量分析

Gurobi 为精确算法软件，如计算时间和内存充足，所求得的解一般为最优解或者更接近最优解，要优于其他两种启发式求解方法，在此，仅作为启发式方法求解质量的参照。

参照第 3.2.3 节分析可知，本节中 Approach VI 的求解思路是：在获得不太差的解的前提下，应尽量避免没必要的需求拆分，以节约求解计算时间。而 Approach V 在求解过程中应根据需要拆分或合并需求，因此，Approach V 所求得的解的质量预计将高于 Approach VI；但 Approach V 的邻域操作相对复杂，因此，Approach V 的求解时间预计将多于 Approach VI。

以上初步分析结论将通过下面的算例试验予以进一步验证。

5.3　算例测试及分析

为对比 Approach V 和 Approach VI 的计算效率，本章继续采用第 4 章 90 个 PDPSTTW 算例中的 76 个进行测试（其余 14 个算例中需求的数量较大，采用 Gurobi 无法得出可行解进行有效比较，因此，不用其作为本章算例）。为简化算例，在本节中采用四舍五入的方法将上述 76 个算例中的需求量进行取整处理。

5.3.1 核心算法参数设置

1. 计算环境

采用 Matlab +Yalmip 工具箱+Gurobi 进行编码,计算所采用设备的配置如下:Intel(R)Core(TM)i7-4510U 2.00 GH Processor + 8 GB RAM,64-bit Windows 8。

2. 核心算法参数设置

在采用 Gurobi 求解时,计算的终止条件为获得最好解,或计算时间大于 6000 s,或者所求上界与当前解的差距小于 5%。Gurobi 终止计算时间设置比较长是为了得到尽量接近问题最优解的结果,以比较启发式算法的效率。本章中启发式算法的参数设置参照了 Ropke 和 Pisinger(2006)[90]以及第 3 章和第 4 章中算法的相关参数设置,并经多次试算确定,其设置原则为平衡求解时间和求解质量。本章核心算法中参数设置类似于第 4.4.1 节,其中 $pc(k)$ 的设置不同,具体如表 5-2 所示。

表 5-2 算法参数设置

符号	含义	值
n	候选解集的规模	90
$constant\_T$	解无改进算法终止总迭代次数	$constant\_T = \exp(-10/num\_pd\_pairs) \times (30+num\_pd\_pairs)$
K	邻域内部迭代次数控制参数	3
$pc(k)$	扰动中的邻域选择概率	拆分-tw、K-插入-tw、K-扩散-tw、K-移除-tw、K-替换-tw、路径删除和重新指派车辆分别为 3/21,4/21,4/21,2/21,4/21,2/21 和 2/21
σ_i	邻域变换不同结果的评分,$i=1,2,3$	9, 3, 1
r	邻域最新表现对权重选择的影响程度	0.9
K_0	邻域选择概率更新子阶段迭代次数	100
K_1	局域搜索次数	14
pm	最差解的替换比例	1/8

附注:$constant\_T$ 中的 num_pd_pairs 为需求数量。

5.3.2 测试结果及分析

PDPSTTWSL算例试验结果中相关指标的含义类似于第4.4.2节,具体如表5-3所示。

表5-3 PDPSTTWSL算例试验结果中相关指标的含义

缩写	含义
UB	Gurobi获得的解的上界
LB	Gurobi获得的当前最优解
LB_A	Approach V 或 Approach VI 获得的平均解
LB_B	Approach V 或 Approach VI 获得的最优解
Gap	LB 和 UB 间的差值 $Gap=(UB-LB)/UB$（%）
Gap_A	LB_A 和 LB 间的差值：$Gap\_A=(LB-LB\_A)/LB$（%）
Gap_B	LB_B 和 LB 间的差值：$Gap\_B=(LB-LB\_B)/LB$（%）
$Time$	算法平均求解时间（s）

表5-4、表5-5和表5-6分别列出了小、中、大三种规模路网（路网节点数分别为 3×4、6×8、10×10）的PDPSTTWSL算例采用Gurobi、Approach V 和 Approach VI 求解的结果。

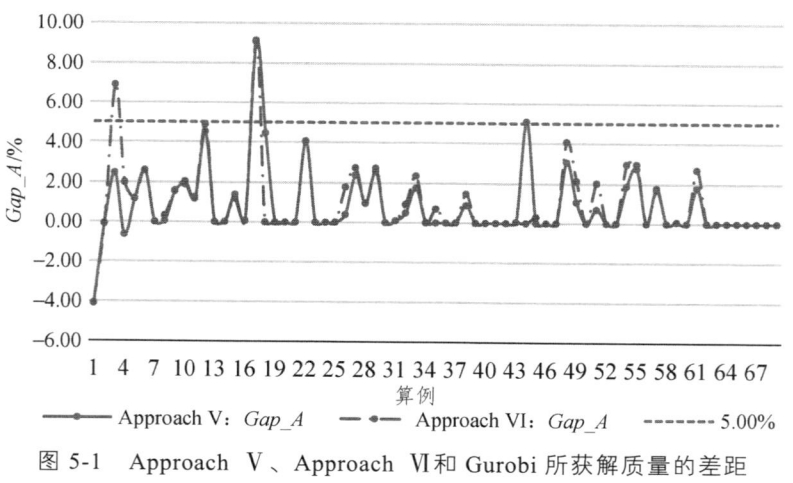

图5-1 Approach V、Approach VI 和 Gurobi 所获解质量的差距

表 5-4 小规模路网 PDPSTTWSL 算例求解结果

算例	需求数	车辆数	Gurobi UB	LB	Gap	Time	Approach V LB_A	LB_B	Gap_A	Gap_B	Time	Approach IV LB_A	LB_B	Gap_A	Gap_B	Time
3-4-10-1-5-3	132	14	-	-	-	-	117262	118105	-	-	223	108367	108954	-	-	20
3-4-10-1-5-5	132	14	-	-	-	-	90930	92532	-	-	254	86879	87600	-	-	31
3-4-10-2-1-5-3	71	71	169718	162726	4.12%	5789	169412	169414	-4.11%	-4.11%	36	169370	169396	-4.08%	-4.10%	71
3-4-10-2-1-5-5	67	67	94711	94424	0.30%	5205	94497	94518	-0.08%	-0.10%	27	94517	94519	-0.10%	-0.10%	67
3-4-10-2-3-5-3	50	17	97321	92756	4.69%	1416	90467	91021	2.47%	1.87%	39	86356	89196	6.90%	3.84%	9
3-4-10-2-3-5-5	71	24	92914	91765	1.24%	2483	92363	92615	-0.65%	-0.93%	89	89937	91116	1.99%	0.71%	20
3-4-10-2-10-5-3	68	7	63689	60527	4.96%	5102	59815	60215	1.18%	0.52%	74	59801	60215	1.20%	0.52%	9
3-4-10-2-10-5-5	66	7	47847	39192	18.09%	6314	38179	38471	2.58%	1.84%	63	38172	38471	2.60%	1.84%	17
3-4-10-3-1-5-3	53	53	150553	150501	0.03%	1045	150497	150501	0.00%	0.00%	15	150489	150501	0.01%	0.00%	7
3-4-10-3-1-5-5	39	4	21482	21482	0.00%	8	21471	21471	0.05%	0.05%	29	21411	21471	0.33%	0.05%	8
3-4-10-3-3-5-3	47	16	94282	92616	1.77%	1712	91175	92280	1.56%	0.36%	33	91136	92280	1.60%	0.36%	7
3-4-10-3-3-5-5	35	12	41593	41593	0.00%	160	40806	40895	1.89%	1.68%	26	40748	40895	2.03%	1.68%	7
3-4-10-3-10-5-3	42	5	38952	38952	0.00%	5	38487	38952	1.19%	0.00%	28	38457	38952	1.2%	0.00%	4
3-4-10-3-10-5-5	37	4	22422	22422	0.00%	6	21411	21959	4.51%	2.07%	36	21330	21959	4.87%	2.07%	3
3-4-10-5-1-5-3	21	21	60649	60649	0.00%	5	60649	60649	0.00%	0.00%	11	60639	60649	0.02%	0.00%	7
3-4-10-5-1-5-5	20	20	29953	29953	0.00%	54	29947	29947	0.02%	0.02%	12	29947	29950	0.02%	0.01%	3
3-4-10-5-3-5-3	25	9	52365	52365	0.00%	3	51630	51642	1.40%	1.38%	15	51736	51924	1.20%	0.84%	4
3-4-10-5-3-5-5	20	7	24758	24758	0.00%	8	24742	24748	0.06%	0.04%	27	24738	24748	0.08%	0.04%	5
3-4-10-5-10-5-3	33	4	20968	20968	0.00%	6	19068	19348	9.06%	7.73%	30	19053	19254	9.13%	8.17%	7
3-4-10-5-10-5-5	26	3	16762	16762	0.00%	3	16016	16648	4.45%	0.68%	31	16762	16762	0.00%	0.00%	7
3-4-10-10-1-5-3	10	10	16396	16396	0.00%	1	16396	16396	0.00%	0.00%	12	16396	16396	0.00%	0.00%	6
3-4-10-10-1-5-5	8	8	11037	11037	0.00%	1	11037	11037	0.00%	0.00%	3	11037	11037	0.00%	0.00%	2
3-4-10-10-3-5-3	12	4	15385	15385	0.00%	1	15385	15385	0.00%	0.00%	5	15385	15385	0.00%	0.00%	3
3-4-10-10-3-5-5	9	3	7822	7822	0.00%	1	7504	7504	4.07%	4.07%	5	7504	7504	4.07%	4.07%	2
3-4-10-10-5-3	11	2	10275	10275	0.00%	1	10275	10275	0.00%	0.00%	24	10275	10275	0.00%	0.00%	4
3-4-10-10-10-5-5	19	2	8543	8543	0.00%	4	8543	8543	0.00%	0.00%	14	8543	8543	0.00%	0.00%	5

表 5-5 中规模路网 PDPSTTWSL 算例求解结果

算例	需求数	车辆数	Gurobi UB	LB	Gap	Time	Approach V LB_A	LB_B	Gap_A	Gap_B	Time	Approach IV LB_A	LB_B	Gap_A	Gap_B	Time
6-8-10-10-5-3	213	22	-	-	-	-	193710	194209	-	-	168	196126	197172	-	-	33
6-8-10-10-10-5-5	226	23	-	-	-	-	305221	308353	-	-	156	293705	301434	-	-	18
6-8-10-25-1-5-3	89	89	-	-	-	-	403621	403644	-	-	26	403638	403646	-	-	10
6-8-10-25-1-5-5	74	74	194680	194680	0.00%	529	194641	194665	0.02%	0.01%	32	194646	194657	0.02%	0.01%	8
6-8-10-25-3-5-3	85	29	255412	255412	0.00%	362	254382	254948	0.40%	0.18%	36	250807	251024	1.80%	1.72%	10
6-8-10-25-3-5-5	102	34	208994	207411	0.76%	1440	202445	204196	2.39%	1.59%	76	201714	201866	2.75%	2.67%	12
6-8-10-25-10-5-3	88	9	101165	101165	0.00%	72	100180	100323	0.97%	0.83%	75	100166	100323	0.99%	0.83%	11
6-8-10-25-10-5-5	97	10	74593	74593	0.00%	286	72677	72962	2.57%	2.19%	76	72552	72616	2.74%	2.65%	10
6-8-10-50-1-5-3	45	45	191435	191435	0.00%	56	191431	191431	0.00%	0.00%	10	191431	191431	0.00%	0.00%	5
6-8-10-50-1-5-5	28	28	62076	62076	0.00%	18	62014	62014	0.10%	0.10%	6	62014	62014	0.10%	0.10%	4
6-8-10-50-3-5-3	37	13	97401	97401	0.00%	13	96904	97353	0.51%	0.05%	17	96479	97353	0.95%	0.05%	5
6-8-10-50-3-5-5	40	14	57983	57983	0.00%	17	56954	57983	1.77%	0.00%	21	56617	56617	2.36%	2.36%	9
6-8-10-50-10-5-3	47	5	56972	56972	0.00%	8	56956	56972	0.03%	0.00%	16	56972	56972	0.00%	0.00%	6
6-8-10-50-10-5-5	56	6	36227	36227	0.00%	12	36227	36227	0.00%	0.00%	34	35970	36227	0.71%	0.00%	9
6-8-10-100-1-5-3	27	27	125491	125491	0.00%	12	125491	125491	0.00%	0.00%	5	125491	125491	0.00%	0.00%	4
6-8-10-100-1-5-5	21	21	61680	61680	0.00%	7	61666	61666	0.02%	0.02%	11	61666	61666	0.02%	0.02%	4
6-8-10-100-3-5-3	22	8	62993	62993	0.00%	4	62433	62993	0.89%	0.00%	10	62064	62993	1.48%	0.00%	4
6-8-10-100-3-5-5	22	8	34879	34879	0.00%	4	34879	34879	0.00%	0.00%	9	34879	34879	0.00%	0.00%	5
6-8-10-100-10-5-3	24	24	27992	27992	0.00%	2	27992	27992	0.00%	0.00%	5	27992	27992	0.00%	0.00%	3
6-8-10-100-10-5-5	19	19	12060	12060	0.00%	2	12060	12060	0.00%	0.00%	7	12060	12060	0.00%	0.00%	3
6-8-10-200-1-5-3	15	15	74570	74570	0.00%	3	74570	74570	0.00%	0.00%	4	74570	74570	0.00%	0.00%	3
6-8-10-200-1-5-5	10	10	25115	25115	0.00%	2	25099	25099	0.06%	0.06%	3	25099	25099	0.06%	0.06%	2
6-8-10-200-3-5-3	22	8	56286	56286	0.00%	3	53413	56286	5.10%	0.00%	6	56286	56286	0.00%	0.00%	4
6-8-10-200-3-5-5	15	5	18575	18575	0.00%	2	18576	18576	0.00%	0.00%	4	18515	18576	0.32%	0.00%	4
6-8-10-200-10-5-3	12	2	16981	16981	0.00%	1	16981	16981	0.00%	0.00%	2	16981	16981	0.00%	0.00%	2
6-8-10-200-10-5-5	16	2	10704	10704	0.00%	1	10704	10704	0.00%	0.00%	5	10704	10704	0.00%	0.00%	2

表 5-6 大规模路网 PDPSTTWSL 算例求解结果

算例	需求数	车辆数	Gurobi UB	Gurobi LB	Gurobi Gap	Gurobi Time	Approach V LB_A	Approach V LB_B	Approach V Gap_A	Approach V Gap_B	Approach V Time	Approach Ⅳ LB_A	Approach Ⅳ LB_B	Approach Ⅳ Gap_A	Approach Ⅳ Gap_B	Approach Ⅳ Time
10-10-10-100-1-5-3	115	115	-	-	-	-	691445	691463	-	-	27	691439	691466	-	-	6
10-10-10-100-1-5-5	93	93	-	-	-	-	367712	367715	-	-	25	367695	367713	-	-	7
10-10-10-100-3-5-3	82	28	323979	323979	0.00%	181	314009	317481	3.08%	2.01%	36	310733	312033	4.09%	3.69%	4
10-10-10-100-3-5-5	82	28	202791	202791	0.00%	194	200571	202403	1.09%	0.19%	65	198444	202403	2.14%	0.19%	9
10-10-10-100-10-5-3	115	12	186980	186980	0.00%	164	186980	186980	0.00%	0.00%	103	186980	186980	0.00%	0.00%	8
10-10-10-100-10-5-5	122	13	115160	115160	0.00%	200	114327	114754	0.72%	0.35%	64	112819	113473	2.03%	1.46%	11
10-10-10-200-1-5-3	45	45	272512	272512	0.00%	65	272512	272512	0.00%	0.00%	8	272512	272512	0.00%	0.00%	4
10-10-10-200-1-5-5	50	50	189315	189315	0.00%	113	189294	189294	0.01%	0.01%	10	189313	189313	0.00%	0.00%	6
10-10-10-200-3-5-3	59	20	216713	216713	0.00%	38	212619	214273	1.89%	1.13%	10	210264	214273	2.98%	1.13%	3
10-10-10-200-3-5-5	59	20	151018	151018	0.00%	65	146843	147937	2.76%	2.04%	19	146518	147695	2.98%	2.20%	6
10-10-10-200-10-5-3	54	6	81574	81574	0.00%	10	81574	81574	0.00%	0.00%	12	81574	81574	0.00%	0.00%	5
10-10-10-200-10-5-5	56	6	56393	56393	0.00%	31	55375	55528	1.81%	1.81%	30	55426	55528	1.72%	1.53%	6
10-10-10-500-1-5-3	20	20	127707	127707	0.00%	7	127707	127707	0.00%	0.00%	3	127707	127707	0.00%	0.00%	2
10-10-10-500-1-5-5	28	28	108247	108247	0.00%	45	108156	108156	0.08%	0.08%	7	108156	108156	0.08%	0.08%	3
10-10-10-500-3-5-3	20	7	81696	81696	0.00%	4	81696	81696	0.00%	0.00%	4	81696	81696	0.00%	0.00%	3
10-10-10-500-3-5-5	20	7	47855	47855	0.00%	21	46994	47855	1.80%	0.00%	7	46563	46563	2.70%	2.70%	2
10-10-10-500-10-5-3	14	2	25899	25899	0.00%	4	25899	25899	0.00%	0.00%	3	25899	25899	0.00%	0.00%	2
10-10-10-500-10-5-5	16	2	13005	13005	0.00%	15	13005	13005	0.00%	0.00%	5	13005	13005	0.00%	0.00%	2
10-10-10-1000-1-5-3	7	7	32354	32354	0.00%	5	32354	32354	0.00%	0.00%	2	32354	32354	0.00%	0.00%	1
10-10-10-1000-1-5-5	7	7	21657	21657	0.00%	19	21657	21657	0.00%	0.00%	3	21657	21657	0.00%	0.00%	2
10-10-10-1000-3-5-3	7	3	22813	22813	0.00%	4	22814	22814	0.00%	0.00%	2	22814	22814	0.00%	0.00%	1
10-10-10-1000-3-5-5	7	3	13660	13660	0.00%	3	13660	13660	0.00%	0.00%	3	13660	13660	0.00%	0.00%	2
10-10-10-1000-10-5-3	13	2	21994	21994	0.00%	5	21994	21994	0.00%	0.00%	2	21994	21994	0.00%	0.00%	2
10-10-10-1000-10-5-5	8	1	6069	6069	0.00%	5	6069	6069	0.00%	0.00%	3	6069	6069	0.00%	0.00%	1

根据算例计算结果可知：

（1）如图 5-1 所示，对于大多数算例，Approach Ⅴ 和 Approach Ⅵ 均能得到和 Gurobi 差距（Gap_A）小于 5% 的解。因为个别算例的需求数和车辆数较大，Gurobi 在设定的时间内所求得的解劣于启发式算法，所以存在个别 Gap_A 值为负数的情况。

（2）如 5-2 所示，Approach Ⅴ，Approach Ⅵ 和 Gurobi 的求解时间和算例路网规模关系不大。为便于对比，部分值在图中取了对数（ln）。

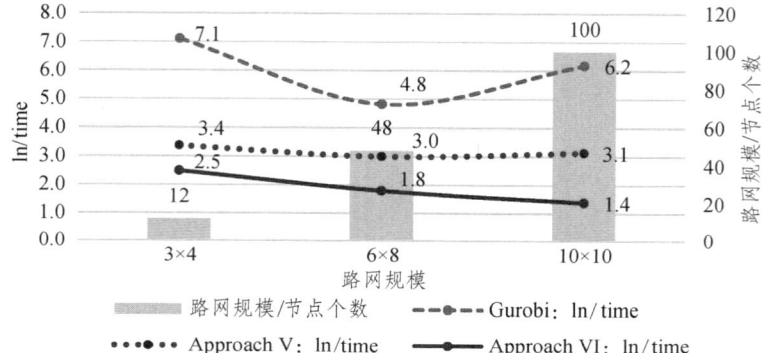

图 5-2　Approach Ⅴ，Approach Ⅵ 和 Gurobi 的求解时间和算例路网规模对比

（3）如图 5-3 所示，需求和车辆的数量乘积是影响 Gurobi 计算时间的主要因素。如图 5-4 所示，Approach Ⅴ 和 Approach Ⅵ 的计算时间主

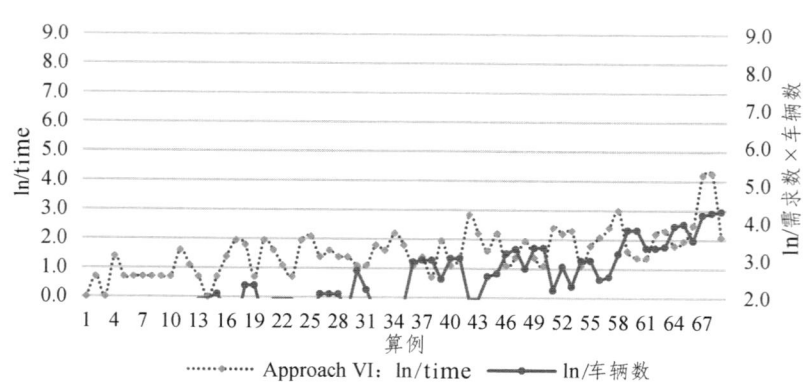

图 5-3　Gurobi 计算时间与算例需求数和车辆数乘积对比

要和算例中需求的数量有关，需求数相对越大，算例的计算时间相对越长。为便于对比，部分值在图中取了对数（ln）。

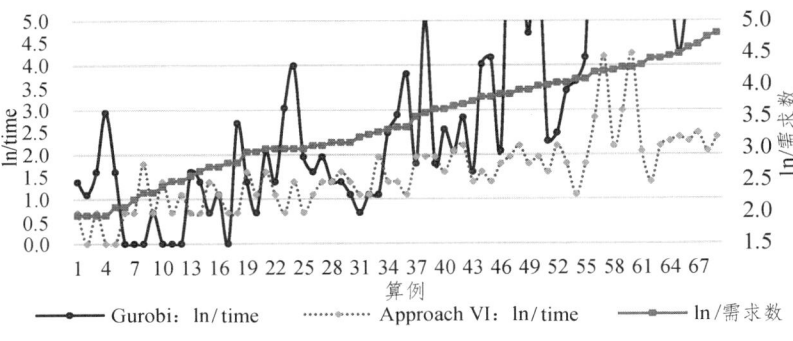

图 5-4 Approach Ⅴ 和 Approach Ⅵ 计算时间与算例需求数对比

（4）总体而言，Approach Ⅴ 和 Approach Ⅵ 均能在较短时间内获得 PDPSTTWSL 的比较满意的解。此外，如图 5-5 所示，对于需求数量较少的算例，Approach Ⅴ 通过耗费稍多一点的时间就能获得稍优于 Approach Ⅵ 的解；对于需求数量较多的算例，Approach Ⅴ 的计算耗时增幅明显，但与 Approach Ⅵ 所获得的解相差却不大。为便于对比，部分值在图中取了对数（ln）。

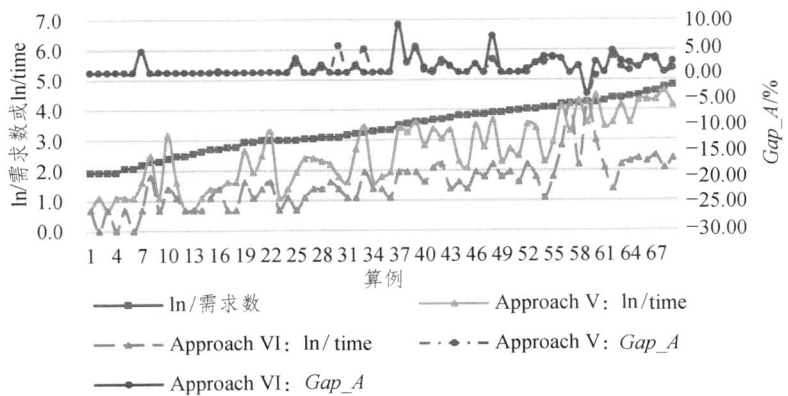

图 5-5 Approach Ⅴ 和 Approach Ⅵ 计算时间、所获解质量与算例需求数对比

本节算例的实验结果也进一步验证了第 5.2.2 节对于各种算法的求解时间和求解质量的分析。

5.4 小　结

本章提出了一种新的 PDP——需求可拆分且带时间窗的 PDPST（PDPSTTWSL）。该问题来源于允许拆分需求且有时间窗要求的旅客运输组织问题。针对该类问题的特征，本章基于第 3、第 4 章需求可拆分的 PDPST（PDPSTSL）和带时间窗的 PDPST（PDPSTTW）的研究，建立了需求可拆分且带时间窗的 PDPST（PDPSTTWSL）的模型，研究了其求解方法并采用算例进行了求解效率的验证。经与 Gurobi 的求解结果比较发现，本章针对 PDPSTTWSL 提出的两种求解方法 Approach V（过程拆分+改进的 MS_ANS+RFCR）和 Approach VI（预拆分方法 I+MS_ANS+RFCR）均能在可接受的时间内获得问题比较满意的解，其中 Approach VI 的求解时间少于 Approach V，但 Approach V 所获得的解稍好。以上两种 PDPSTTWSL 的求解方法可根据实际应用问题的求解需要进行比选。

第 6 章

需求可拆分且带时间窗的 PDPST 案例研究

需求可拆分且带时间窗的 PDPST（PDPSTTWSL）包含了需求可拆分、时间窗和需求按最短路运输的特征，其中最短路包括距离最短、运输时间最少和成本最低等含义。该问题的特征使其在铁路、城市公交和城市轨道交通等运输组织方案优化领域具有较大的潜在应用价值。

因为本书所研究的 PDPSTTWSL 模型及相关理论与高速铁路旅客列车开行方案优化编制中实际应用问题的主要特征较为接近，因此，本章拟结合高速铁路旅客列车开行方案优化编制中的虚拟案例对前面所研究的 PDPSTTWSL 相关理论进行验证，以探究该理论在相关应用领域的适用性，进而分析其应用前景。

由于旅客列车开行方案编制是一个系统性的工程问题，涉及的因素较多，故将 PDPSTTWSL 相关理论应用于求解旅客列车开行方案优化编制中的实际问题，需根据实际应用的具体要求深入研究各影响因素特征，并采集充足的数据。为快速、直观地探究 PDPSTTWSL 理论在相关应用领域中的潜在应用价值，本书拟结合 2019 年高速铁路客流实际数据生成列车开行方案优化编制中的虚拟案例进行研究。

虚拟案例生成时，仅考虑既有相关研究和案例应用中常见的、有一定代表性的要求、目标函数和约束条件，如收益、旅行时间、通过能力等目标函数或约束条件。对于乘客换乘和客流的时变性等情形在本书案例中暂不考虑。

本章的目的在于探索前述相关理论和方法用于求解旅客列车开行方案优化编制问题的可行性，以便为求解该问题提供一种新的参考思路。本书研究的相关理论和方法目前尚不能完全解决旅客列车开行方案优化编制这一系统性工程问题，未来有待进一步研究其在相关领域的应用。

6.1 高速铁路旅客列车开行方案优化编制案例背景

6.1.1 案例相关概念

1. 定义和主要内容

旅客列车开行方案是指确定旅客列车运行区段、开行种类、开行对数和停站方案等的计划。该方案反映了旅客运输的运营服务水平。良好的开行方案能够有效利用铁路运能，为旅客提供更加便捷的出行服务，吸引更多的客流。

(1) 列车运行区段。

列车运行区段由始发终到站和经由线路确定。始发终到站间有多条路线可以选择，需考虑各种因素，选择最佳路线。一般选择最短路为最佳路线，包括距离上的最短路、时间上的最短路和成本上的最短路三种。有些列车也可能并不沿着始发终到站之间的最短路运行，但其运行线一般为一条路径（Path），即同次列车不重复停靠任一车站。

(2) 列车开行等级和种类。

高速铁路网中开行不同种类旅客列车是为了结合运力现状满足不同层次旅客的运输需要。目前，我国各类高速列车的主要区别为运行速度、停站次数和编组车辆数的不同。

(3) 列车编组方案。

列车编组方案本质上影响的是列车的装载能力。编组方案应综合考虑车辆装载能力、区间通过能力和用车成本的平衡。目前，我国高速铁路列车主要采用8节（短编组）和16节（长编组）两种编组方式。

(4) 车底运用方案。

车底运用方案指高速列车车底在运行图上的整体布局方案，规定车底承担的运行任务和重要节点的接续时间等。目前，我国高速列车车底按照客流需求（Origin-Destination，OD）和路网节点重要性配置于各相关站点旁的动车段或动车所，并合理指派相应车底承担列车运行任务。

(5) 列车停站方案。

停站方案是列车开行方案的核心基础，确定了列车的起、止和中停方案。列车停站方案直接决定了列车的开行方案，对车站作业量、区间通过能力、旅客便利程度和列车运行时间均有较大的影响。

2. 编制原则

旅客列车开行方案的编制一般从铁路运输企业和旅客两方面来考

虑。主要包括安全性原则、经济合理原则、满足客运需求原则、方便旅客出行原则、提高旅客旅行舒适度原则和合理停站原则等。

6.1.2 案例研究现状

近年来，我国高速铁路线路逐步发展成网，渐渐地也有学者开始从路网角度编制高速铁路列车开行方案，以期获得更好的结果。本书检索了近十年来的主要相关研究成果[125-137]，根据侧重点不同，各类研究成果中的研究边界假设各不相同。以下总结了文献中有代表性的目标函数、约束条件和求解方法。

（1）模型考虑的目标函数主要包括客运收入、运送客流数量、未被服务客流数量、旅客出行效用、旅客出行时间和费用、可达性、车底使用数量、列车运行时间和费用、列车停站时间和费用、最小周期时间和虚糜情况等。

（2）模型的约束条件主要包括区间通过能力、车站接发车能力、车站越行、运输需求守恒、列车总数、列车定员、列车上座率、列车停站、列车运能、车底检修走行里程、列车到发时间窗、区间运行时间窗、旅客出行时间窗偏好、列车服务频率、旅客可达性和周期事件等。

（3）主要求解方法包括求解器、启发式算法和列生成算法等。

总体而言，近年来，许多学者从不同角度对高速铁路旅客列车开行方案优化编制问题[138-147]进行了研究，根据不同的问题设置了不同的目标函数和约束条件，成果丰硕。但目前从路网角度进行开行方案优化编制研究的文献偏少，有一部分研究基于铁路网背景展开，但算例中的路网相对简单且规模较小，针对大规模路网中列车开行方案优化编制问题的算法有待深入研究。整体而言，既有的路网型旅客列车开行方案成果的研究角度各不相同，大多基于特定应用角度或对路网进行了简化，在路网构造、模型及算法设计方面值得进一步研究。

6.2 案例建模与求解

6.2.1 案例研究边界与描述

1. 研究边界

高速铁路旅客列车开行方案优化编制是一个复杂的系统性工程问题，尤其是成网条件下的高速铁路开行方案优化编制涉及的因素很多，既有研究中，大多针对一些特定背景条件展开。为更直观地探究PDPSTTWSL在高速铁路旅客列车开行方案优化编制问题中的适用性，本节结合既有相关研究和案例应用中常见的、有代表性的要求、目标函数和约束条件等将本章案例的研究边界假定如下：

（1）从路网角度编制开行方案的假设。

近年来，我国高速铁路逐步建设成网，随着列车速度的提高，列车开行时段及车底交路等变化巨大。匹此，为了提高列车开行方案的质量，有必要研究如何从路网的角度对其进行优化。

（2）客流确定性和时间窗假设。

案例基于客流确定的假设展开研究，模型不考虑开行方案对客流的影响，根据客流时间窗要求编制开行方案，并初步确定列车开行时段，以便为编制客车方案图和运行图打下基础。

（3）旅客不换乘假设。

通过分析铁路运营及调度部门的统计数据，再结合相关文献[126]，发现实际开行方案中客流换乘比例低于30%，而且基本上属于跨线换乘（另一种为同主干线换乘，基本是高峰期或特殊情况临时分阶段刷票产生，比例很小，出行品质较差）。旅客跨线换乘现象产生的主要原因之一是实际开行方案按照干线角度编制，起止站点在不同干线上的乘客只能采用换乘方式出行。此外，换乘假设也将使开行方案的解空间复杂化。因此，本书模型中暂不考虑旅客换乘，以节约计算资源，实现从路网角度更快、更高效地进行高速铁路列车开行方案优化计算的目的。

（4）旅客出行路线假设。

旅客要求按照最短路出行，其中，"最短路"为广义最短路，包括距离最短、时间最少和成本最低等相关含义。这三者为正相关关系，选择不同角度的最短路对于模型来说差别均不大。因此，为简明直观地表达，本章案例选择距离最短这一常见假设展开研究。

（5）列车运行线路假设。

本章案例假定列车运行线路为一条路径（Path），即列车不能重复访问同一个车站。这是绝大多数列车开行方案优化研究中的假设，因为重复访问车站会给铁路区间通过能力和车站接发车能力带来很大压力，也可能让旅客混淆乘车时间，使问题及模型的复杂度增加，最终影响开行方案效率的提高。

（6）车底配置方案假设。

由于在实际问题中起止车站间的客流量并不是上下行对称的，本章案例中不再要求列车在路网上成对开行。基于此，车底应根据开行方案需要配置于具备高铁动车组车底整备条件的车站旁，完成交路任务后不再考虑其去向。实际工作中，可以安排其他交路任务或者返回最近整备点。

（7）列车运行速度假设。

为保证铁路区间通过能力，假定在路网上均采用速度一致的高速列车车底运行。对于高速铁路旅客列车来说，其等级高低主要体现在停站次数的多少，该因素将直接影响列车运行起止时间长度。因此，结合实际应用现状将本章案例模型中的列车速度统一假定为 300 km/h。

（8）列车定员假设。

列车定员包括 600 人/列（短编组）和 1100 人/列（长编组）[128]两种。

（9）运行里程上限和列车停站总数假设。

综合车底交路、列车运行速度等将列车运行里程上限定为路网上最长两车站间距离的 1.2 倍，停站总数上限定为路网上最远两站间最短路中站点数的 1.2 倍。

（10）区间及车站能力假设。

高速铁路线路区间存在通过能力约束、车站存在接发车能力约束（假定车站接车和发车能力一致）。根据案例中客流占全天总客流的比例，确定算例中区间通过能力占区间全天总通过能力和车站接发车能力占车站全天总接发车能力的比例，进而确定本案例中的区间通过能力和车站接发车能力。

（11）目标函数假设。

本章案例结合陶思宇（2012）[126]、余朝（2016）[127]、苏焕银（2012）[128]、张新（2019）[133]和秦进（2020）[137]等的分析，以开行方案总收益最大化和旅客旅行时间成本（旅客旅行时间与单位时间成本之积）最小化为优化目标。总收益由总收入减去总成本而得，旅客旅行时间成本由旅客随车运行时间成本和停站等待时间成本组成。其中，收入为运送旅客产生的位移等所得收入的折算值，与旅客数量、运输距离相关，可参考运输票额收入确定；成本包括固定成本（按次数使用车底所产生的固定成本）、运行成本（列车运行所产生的折损和能耗等成本）和停站成本（列车停站所带来的车站作业等成本）。

此外，列车虚靡度（空座位走行里程和总座位走行里程的比值）对旅客影响不大，但与收益密切相关。本模型中的系统总收益最大化子目标预计可对虚靡度进行有效控制，重复计入总目标函数意义不大，下面案例的求解结果将对此进行验证。因此，本书不再将其纳入目标函数。如未来要求考虑列车虚靡度，也可以在约束条件中对列车的虚靡度进行限制。

（12）其他假设。

本章案例暂不对列车在各站的运力分配进行限制，由算法自行分配列车在各站发送的客流量。

2. 问题描述

结合上述研究边界假定，可将路网型高速铁路旅客列车开行方案优化编制案例问题描述如下：在一个高速铁路网中存在若干站点间的旅客运输需求，任意两个站点间的需求可由一列或一列以上的列车运输，而且这些旅客要求在各自可接受的时间窗内按照各自起止站点间的最短路运输。为降低运行成本，运送旅客的列车要求沿着一条不重复访问任意车站的路径（Path）运行。该问题的目的为在满足列车装载能力、区间通过能力和车站接发车能力等约束条件的前提下，通过合理安排不同种类列车的数量、运行起止点、停站方案和客流分配方案等来实现运输收益最大化和旅客旅行时间成本最小化。该问题的核心特点包括三个：（1）旅客要求在各自可接受的时间窗内按照最短路（包括距离最短、时间最少和成本最低等，本案例取距离最短）运输；（2）列车要求沿着路径（Path）运行，即不允许列车重复访问同一车站；（3）起止车站和时间窗相同的旅客可安排乘坐不同的列车，即旅客运输需求可拆分。以上三个特点使得该问题可采用改造自 PDPSTTWSL 的模型进行描述。

6.2.2　案例设计

结合案例研究边界假定，构造包括三条高铁通道在内的虚拟局域高速铁路网。路网中共计 15 个虚拟高铁车站，编号为 1, 2, …, 15；具备条件的车站旁设置有动车运用段或运用所（车底初始位置），并配备有充足的高铁车底。因路网上需预留运载其他时段和方向客流所需的列车通过能力，各区间的单向通过能力均设置为 144 列，各站点的单向接发车能力均设置为 144 列。站间有两类共计 420 个出行需求：第一类 210 个需求，期望出行时间点在 9:00 ~ 10:00 随机确定，每个需求允许的时间窗为期望出行时间前后各 1 小时，如第一类需求中的某一需求期望出行时间点为 9:30，则其出行时间窗可设置为[8:30, 10:30]；第二类 210 个需求，期望出行时间点在 10:00 ~ 11:00 随机确定，可采用同样的方法确定其出行时间窗。为获取尽可能好的盈利方案，具备条件的车站旁按照发送客流量比例设置充足的车底，总计为 388 组高铁车底。客流虚拟数据参照国家铁路集团有限公司相关数据的数量级按比例虚拟生成。虚拟局域高速铁路网如连通图 6-1 所示。其余参数取值如表 6-1 所示。

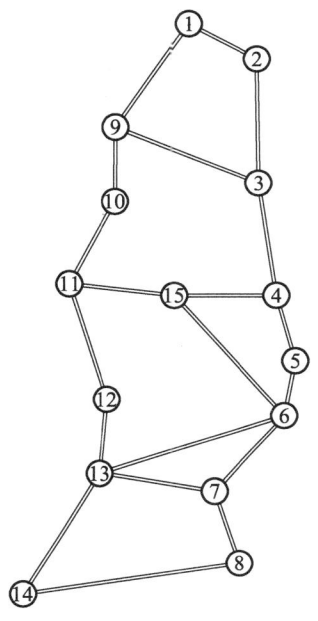

图 6-1　虚拟局域高速铁路网

表 6-1　案例相关参数取值

符号	说明	取值
e	单位人千米收入	0.5（元/人千米）
D	列车运行里程上限	1 442.0（km）
M_0	列车停站次数上限	10（次）
TC_e	区间 e 的通过能力	144（列）
RDC_n	站点 n 接发车能力	144（列）
Q^k	列车定员	短编组：600（人/列） 长编组：1 100（人/列）
vc^k	固定成本折算值	短编组：5 000.0（元/车） 长编组：8 750.0（元/车）
sc_n^k	停站成本折算值	1 000.0（元/次）
tc^k	单位里程运行成本折算值	100.0（元/km）
s_i	OD i 上下车时间	1（min/百人）
V	列车时速	300（km/h）
F	旅客单位时间成本	33（元/h）

其中：单位人千米收入参照铁路售票系统[148]查阅的票价、里程确定为 0.5 元/人千米；列车运行距离上限、停站次数上限、短编组列车定员和长编组列车定员按实际情况分别设定为 1442.0 km、10 次、600 人/列和 1100 人/列；列车固定使用成本涉及列车购置折算、整备和清洁等成本，列车停站成本涉及列车接发和乘客乘降组织等成本，经行业交流调研，基于高铁列车使用寿命内运行和周转总量初步折算列车固定使用成本分别约为 5000.0 元/车（短编组）、8750.0 元/车（长编组），停站成本为 1000.0 元/次，以上均为预计值，如需实际投入应用，还需进一步精确计算；列车单位里程运行成本参照网站（2019）[149]和铁路售票系统数据折算确定，按照高速列车单位小时运行成本 20000.0 元计算，结合南昌-长沙高速铁路里程 342.0 km，列车平均运行耗时 103.0 min 可折算出列车单位里程运行成本为 100.0 元/km，这与杨晓（2008）[150]研究的 60.0～80.0 元/km 的预估数据基本接近；经现场初步测算，客流上下车时间平均约为 1 min/百人；列车时速为 300 km/h，由此可折算出列车 k 从站 r 运行至站 s 的时间 $t_{r,s}^k$；旅客单位时间成本为 33 元/h[151]。

路网邻接关系、车站坐标等相关属性数据详见附录 E 中的案例路网数据。

6.2.3 数学模型

高速铁路旅客列车开行方案的优化编制是一个复杂的系统性工程问题，既有研究成果一般均根据不同的应用需要和侧重点界定研究边界，据此设置不同的目标函数和约束条件，进而建立符合不同应用需要的数学模型并设计算法进行求解。

随着网络大数据技术的发展，运输领域乘、运双方的供需信息交流越来越便捷。大数据技术让运输组织者可以更准确地获取乘客日益精细的出行需求。如可以通过铁路客票系统的查询、售票和退票等历史信息较为准确地预测乘客出行的需求量和时间窗，这使编制一份对旅客出行需求量和时间窗考虑较为精确的开行方案成为可能，进而可为列车运行图和车底运用方案优化编制打下一个良好的基础。

本节拟根据第 6.2.1 节中对高速铁路旅客列车开行方案优化编制问题的研究边界假定，结合 PDPSTTWSL 相关理论建立高速铁路旅客列车开行方案优化编制问题的数学模型。

本章研究的路网型高速铁路旅客列车开行方案优化编制模型可在第 5.1.2 节中 PDPSTTWSL 模型的基础上改造而得。主要改造如下：

（1）目标函数在 PDPSTTWSL 模型的基础上增加了旅客旅行时间成本最小化的要求。

（2）增加区间通过能力约束式（6-20），其中 TC_e 为区间 e 的通过能力。

（3）增加车站接发车能力约束式（6-21），其中 RDC_n 为车站 n 的接发车能力。

本节研究的模型所涉及符号的含义详见书前"符号说明"部分。改进后的模型表述如下：

（1）目标函数。

本节案例优化目标设置为系统总收益最大化和旅客旅行时间成本最小化。

① 系统总收益最大化。

总收益由总收入减去总成本而得。其中，收入为运送旅客产生的位移等所得收入的折算值，与旅客数量、运输距离相关，可参考运输票额收入确定；成本包括固定成本（按次数使用车底所产生的固定成本）、运行成本（列车运行所产生的折损和能耗等成本）和停站成本（列车停站所带来的车站作业成本）。总收益和 PDPSTTWSL 模型的目标函数相同，如式（6-1）所示：

$$\max \ Z_1 = \left\{ \sum_{k \in K} \sum_{i \in P} \pi_i \cdot qs_i^k - \left[\sum_{k \in K} \sum_{j \in P} vc^k \cdot x_{p+1,j}^k + \sum_{k \in K} tc^k \cdot \left(\sum_{e \in E} le_e \cdot y_e^k + \sum_{i \in P \cup \{p+1\}} \sum_{j \in P} lc_{i,j} \cdot x_{i,j}^k \right) + \sum_{k \in K} \sum_{n \in V} sc_n^k \cdot sn_n^k \right] \right\} \quad (6\text{-}1)$$

② 旅客旅行时间成本最小化。

旅客旅行时间包括旅客随车运行时间和停站等待时间。各旅客旅行

时间为其接受运输服务的起止时间之差,如式(6-2)所示:

$$\min Z_2 = \sum_{i \in P} \sum_{k \in K} F \cdot (T_{i+p}^k + s_{i+p} - T_i^k) \cdot qs_i^k \qquad (6-2)$$

旅客旅行时间与单位时间成本之积为旅客旅行时间成本,其中 F 为旅客单位时间成本。

经咨询铁路企业专家可知,收益是铁路系统对开行方案的重要评价指标,本书模型中的乘客旅行时间与列车运行成本、停站成本关联度较大,因此,建议将收益和旅客旅行时间成本的权重比例定为 10:-1,即设定各子目标的权重为:$\alpha_1 = 10$ 和 $\alpha_2 = -1$。

模型的目标函数为系统总收益和旅客旅行时间成本两者的线性组合,其中 α_1 和 α_2 为各子目标的权重,如式(6-3)所示:

$$\max \ Z = \alpha_1 \cdot Z_1 + \alpha_2 \cdot Z_2 \qquad (6-3)$$

(2)约束条件。

OD/列车 i 和 OD j 的连接次序约束:

$$x_{i,j}^k \leq ct_{i,j}, \forall k \in K, i \in P \cup \{p+1\}, j \in P \qquad (6-4)$$

$$x_{i,j}^k \leq \sum_{i_0 \in P \cup \{p+1\}} ca_{i_0,i} \cdot x_{i_0,i}^k, \forall k \in K, i, p \in P \qquad (6-5)$$

$$\sum_{j \in P} ca_{i,j} \cdot x_{i,j}^k \leq 1, \forall k \in K, i \in P \cup \{p+1\} \qquad (6-6)$$

$$x_{i,i}^k = 0, \forall k \in K, i \in P \qquad (6-7)$$

$$\sum_{i \in P \cup \{p+1\}} x_{i,j}^k \leq 1, \forall k \in K, j \in P \qquad (6-8)$$

其中:约束条件式(6-4)~(6-8)确定 OD、列车的组合次序。

OD 拆分约束:

$$\sum_{k \in K} qs_i^k \leq q_i, \forall i \in P \qquad (6-9)$$

$$\sum_{j \in P \cup \{p+1\}} x_{j,i}^k \cdot M \geq qs_i^k, \forall k \in K, i \in P \qquad (6-10)$$

式（6-9）和（6-10）为 OD 拆分约束，其中 M 为一个充分大的正值。

列车装载能力约束：

$$\sum_{i \in P}(ld_{i,e} \cdot qs_i^k) \leqslant Q^k, \forall k \in K, e \in E \tag{6-11}$$

式（6-11）确保列车不超员。

列车停站次数约束：

$$sn_n^k \geqslant sod_{i,n} \cdot \sum_{j \in P \cup \{p+1\}} x_{j,i}^k, \forall k \in K, i \in P, n \in V \tag{6-12}$$

$$\sum_{n \in V} sn_n^k \leqslant M_0, \forall k \in K \tag{6-13}$$

其中：式（6-12）确定列车停站点；式（6-13）确保列车停站次数不超上限 M_0。

列车途经区段约束：

$$ld_{i,e} \cdot \sum_{j \in P \cup \{p+1\}} x_{j,i}^k \leqslant y_e^k, \forall k \in K, i \in P, e \in E \tag{6-14}$$

式（6-14）确定列车在所途经区段的负载状态。

列车分配车底约束：

$$y_e^k \leqslant \sum_{j \in P} x_{p+1,j}^k, \forall k \in K, e \in E \tag{6-15}$$

式（6-15）确定列车运行计划和车底的匹配方案。

列车运行里程约束：

$$\sum_{e \in E} le_e \cdot y_e^k + \sum_{i \in P} \sum_{j \in P} lc_{i,j} \cdot x_{i,j}^k \leqslant D, \forall k \in K \tag{6-16}$$

式（6-16）确保列车运行里程不超上限 D。

旅客出行时间窗约束：

$$(T_r^k + s_r + t_{r,s}^k - T_s^k) \cdot ord_{r,s} \cdot \sum_{i_0 \in P \cup \{p+1\}} x_{i_0,i}^k \cdot \sum_{j_0 \in P \cup \{p+1\}} x_{j_0,j}^k \leqslant 0,$$
$$\forall k \in K; i, j \in P; r, s \in \{i, i+p, j, j+p\} \tag{6-17}$$

$$a_i \leqslant T_i^k \leqslant b_i - s_i, \forall k \in K, i \in P_1 \bigcup P_2 \tag{6-18}$$

$$x_{p+1,i}^k \cdot tvo_i^k \leqslant T_i^k, \forall k \in K, i \in P \tag{6-19}$$

其中：式（6-17）确定两个 OD 组合形成的运行路径中停站点的作业时间，式（6-18）确保列车按照时间窗在站点作业，式（6-19）确定列车到达第一个取点的时间。

区间和车站能力约束：

$$\sum_{k \in K} y_e^k \leqslant TC_e, \forall e \in E \tag{6-20}$$

$$\sum_{k \in K} sn_n^k \leqslant RDC_n, \forall n \in V \tag{6-21}$$

式（6-20）和（6-21）分别确保方案中开行的列车数不超过区间通过能力和车站接发车能力。

（3）决策变量。

$$x_{i,j}^k \in \{0,1\}, \forall k \in K, i \in P \bigcup \{p+1\}, j \in P \tag{6-22}$$

$$qs_i^k \geqslant 0, \forall k \in K, i \in P \tag{6-23}$$

$$y_e^k \in \{0,1\}, \forall k \in K, e \in E \tag{6-24}$$

$$sn_n^k \in \{0,1\}, \forall k \in K, n \in V \tag{6-25}$$

$$T_i^k \in \{1,2,3,\cdots\}, \forall k \in K, i \in P_1 \bigcup P_2 \tag{6-26}$$

其中：式（6-22）~（6-26）为决策变量取值范围。

6.2.4　案例求解及分析

1. 计算环境

采用 Matlab +Yalmip 工具箱+Gurobi 进行编码，计算设备的配置如下：Intel(R)Core(TM)i7-4510U 2.00 GH Processor + 8 GB RAM，64-bit Windows 8。

2. 数据初步处理

如存在站点间客流 OD 大于车底定员，则在开行方案求解前需要对

其进行初步处理,使其在生成初始可行解时满足模型中列车装载能力的约束式(6-11)。具体方法如下:

(1)允许长编组方式下的数据初步处理。

如存在大于长编组列车定员 1100 人的客流 OD,可将其分为若干份 1100 人的 OD 和一份小于 1100 人的 OD;如某客流 OD 为 3100 人,可按照允许的编组方式将其分为 1100 人、1100 人和 900 人,从而确保处理后的 OD 全部小于长编组列车装载能力。

(2)短编组方式下的数据初步处理。

如存在大于短编组列车定员 600 人的客流 OD,可将其分为若干份 600 人的 OD 和一份小于 600 人的 OD;如某客流 OD 为 3100 人,可按照允许的编组方式将其分为 600 人、600 人、600 人、600 人、600 人和 100 人,从而确保处理后的 OD 全部小于短编组列车装载能力。

3. 求解方法

本章案例问题的本质为一种改进的需求可拆分且带时间窗的 PDPST (PDPSTTWSL),因此,本书拟基于第 3 章中求解需求可拆分的 PDPST 所采用的两种拆分策略来处理需求拆分问题,进而对其进行求解。

(1)过程拆分策略。

本章案例采用过程拆分策略所对应的求解方法改造自第 5.2.1 节中的 Approach Ⅴ,即在求解过程中,根据需要对客流 OD 进行拆分。由于模型仅在优化目标中增加了旅行时间成本最小化,在约束条件中增加了区间和车站能力约束,故算法仅对评价函数、区间和车站能力约束条件部分进行了部分改造,变化不大。在本节,将该求解方法称为 Approach Ⅶ。

与第 5.2.1 节相同,本章案例所采用的求解方法 Approach Ⅶ 对需求进行拆分的邻域操作思路是:选择 OD 和列车时仅考虑路径结构可行规则和时间窗可行规则,不考虑装载力可行规则。当将 OD 插入新列车会带来超载时,将该 OD 进行拆分,拆分出来的超载部分留在原列车,其余部分继续按照计划插入新列车。

（2）预拆分策略。

为全面对比各种需求预拆分方法在案例应用中的效果，本节拟采用第 3.2.2 节提出的预拆分方法 Ⅰ、Ⅱ 和 Ⅲ 对客流 OD 进行预拆分，然后分别采用改造自第 4.3 节中的 MS_ANS+RFCR 进行计算。与过程拆分策略相同，该算法仅改造了评价函数，增加了区间和车站能力约束，变化不大。在本节，将基于以上三种预拆分方法的求解方法分别称为 Approach Ⅷ、Approach Ⅸ 和 Approach Ⅹ。

综上所述，将本节求解考虑时间窗的路网型高速铁路旅客列车开行方案的求解方法分别命名为：Approach Ⅶ（过程拆分+评价函数改造+邻域改进的 MS_ANS+RFCR），Approach Ⅷ（预拆分方法 Ⅰ+评价函数改造+MS_ANS+RFCR），Approach Ⅸ（预拆分方法 Ⅱ+评价函数改造+MS_ANS+RFCR）和 Approach Ⅹ（预拆分方法 Ⅲ+评价函数改造+MS_ANS+RFCR）。每种方法分别采用允许长编组和只采用短编组两种编组方式分别求解。具备条件的车站根据旅客发送量比例设置数量充足的高铁动车组车底（总计 388 组高铁车底），最后根据优化结果确定实际使用车底的车型和数量。对于允许长编组的情形，在求解的每一步邻域变换过程中均以 600 人为基准根据列车装载乘客数修正其成本，即当列车上装载旅客的最大数量小于 600 时，按短编组列车计算成本；当列车上装载旅客的最大数量在 600~1100 时，按长编组列车计算成本。

在本章案例中，如某列车始发站不满足车底配备条件时，则需调配其他站点的车底承担该列车的运行任务，但同时应考虑车底调配所产生的运行成本 $\sum_{k \in K} \sum_{j \in P} tc^k \cdot lc_{p+1,j} \cdot x^k_{p+1,j}$（源自目标函数式 6-1）。如实际应用中不允许跨站调配车底，则将该成本设置为充分大的值即可，从而确保不具备条件的车站不作为列车始发站。

因案例结果为带时间窗的列车开行方案，因此，在计算旅客旅行时间成本时，按照列车在各车站均按最晚必须发车时间发车的方案确定旅客的具体旅行时间。

求解本案例的各种求解方法中的算法参数设置与前面相关算法相

同。为便于对比，根据案例规模将各算法终止计算条件统一更改为：计算时间达到 300 s 时计算终止（结果显示算法均达到收敛）。

4. 求解结果示例

表 6-2 为案例采用 Approach Ⅷ 求解所得短编组条件下的客流分配方案（部分截取），其中第 4，5 栏为决策方案取值，其余栏数据为需求的原始属性数据，具体方案详见附录 E 中的案例优化结果。表 6-3 为对应列车停站方案及其在各站的发车时间窗（部分截取）。

表 6-2　短编组条件下的客流分配方案（部分截取）

OD 编号	起点	止点	所分配列车编号	客流量 /人	里程 /km	起点时间窗 /min		终点时间窗 /min	
						a_i	b_i	a_{i+p}	b_{i+p}
...	...	...	...	...	...	...	...	...	...
3	1	3	5	300	341.0	8:54	10:54	10:06	12:06
3	1	3	6	300	341.0	8:54	10:54	10:06	12:06
3	1	3	7	300	341.0	8:54	10:54	10:06	12:06
3	1	3	8	300	341.0	8:54	10:54	10:06	12:06
3	1	3	4	72	341.0	8:54	10:54	10:03	12:03
4	1	3	109	600	341.0	9:42	11:42	10:56	12:56
4	1	3	110	600	341.0	9:42	11:42	10:56	12:56
4	1	3	4	72	341.0	9:42	11:42	10:51	12:51
...	...	...	...	...	...	...	...	...	...
161	6	12	87	432	405.4	8:21	10:21	9:47	11:47
...	...	...	...	...	...	...	...	...	...
270	10	9	87	44	138.0	9:44	11:44	10:12	12:12
...	...	...	...	...	...	...	...	...	...
309	12	1	87	24	746.0	8:29	10:29	10:59	12:59
310	12	1	87	24	746.0	9:49	11:49	12:18	14:18
311	12	2	87	396	856.9	8:29	10:29	11:25	13:25
...	...	...	...	...	...	...	...	...	...
353	13	9	87	36	664.3	8:39	10:39	10:52	12:52
...	...	...	...	...	...	...	...	...	...
355	13	10	87	20	526.3	8:44	10:44	10:29	12:29
...	...	...	...	...	...	...	...	...	...
373	14	5	156	120	630.6	8:22	10:22	10:29	12:29
...	...	...	...	...	...	...	...	...	...

表 6-3　短编组条件下的列车停站方案及发车时间窗（部分截取）

列车编号		停站点	停站点	停站点	停站点	停站点	停站点	停站点	指派车底编号	车底定员/人
…		…	…	…	…	…	…	…	…	…
4	路径	1	2	3	5	13	14	—	34	600
	早	9:43	10:05	10:52	12:02	13:18	14:11	—		
	晚	10:25	10:55	11:44	12:54	14:10	15:04	—		
5	路径	10	1	2	3	7	—	—	255	600
	早	8:27	9:42	10:07	10:56	13:02	—	—		
	晚	9:30	10:47	11:15	12:06	14:13	—	—		
6	路径	10	9	1	2	3	—	—	162	600
	早	8:27	8:55	9:42	10:07	10:56	—	—		
	晚	9:30	10:01	10:51	11:17	12:06	—	—		
7	路径	10	9	1	2	3	—	—	256	600
	早	8:26	8:56	9:43	10:07	10:56	—	—		
	晚	9:29	10:03	10:53	11:17	12:06	—	—		
8	路径	11	1	2	3	—	—	—	282	600
	早	8:40	10:27	10:52	11:41	—	—	—		
	晚	9:05	10:51	11:17	12:06	—	—	—		
…		…	…	…	…	…	…	…	…	…
87	路径	6	13	12	10	9	1	2	106	600
	早	8:25	9:19	9:49	11:07	11:35	12:19	12:45		
	晚	8:57	9:51	10:27	11:46	12:14	12:59	13:25		
…		…	…	…	…	…	…	…	…	…
156	路径	14	5	—	—	—	—	—	0	0
	早	8:23	10:31	—	—	—	—	—		
	晚	10:22	12:29	—	—	—	—	—		
…		…	…	…	…	…	…	…	…	…

附注："早"表示最早允许发车时间（min），"晚"表示最晚必须发车时间（min）。

结合表 6-2 和表 6-3 可知：起止站点为 1-3 的 OD 按照时间窗分为 OD 3 和 OD 4，站点间里程为 341.0 km，其中 OD 3 被拆成五份，分别由编号为 5，6，7，8 和 4 的列车运输（见表 6-2）；OD 373 被分配给列车 156，但由于该列车未安排车底（见表 6-3），因此，OD 373 实际上未被运输；列车 87 承担表 6-2 所示的 OD 161，OD 270，OD 309，OD 310，OD

311、OD 353 和 OD 355 总计七个 OD 全部或部分需求的运输任务，停站方案为 6-13-12-10-9-1-2（见表 6-3），定员为 600 人的列车 87 沿途累计运送旅客 976 人（见表 6-2）。

图 6-2 列出了列车 87 在各站的发车时间窗示例，可为后续的列车运行图的铺画提供参考。图中所标注的均为发车时间，为简明表述，到达时间和在站停留时间均未标注。因此，图中线条仅表示列车发车时间窗范围，并不是列车运行线。

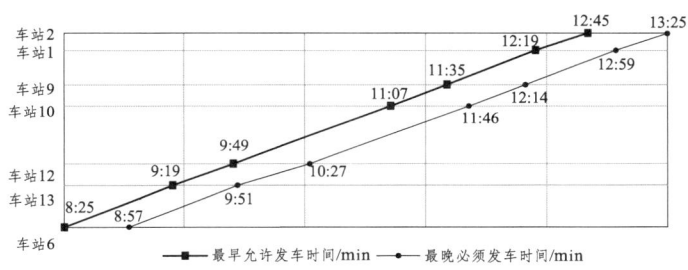

图 6-2　列车 87（车底 106）在各站的发车时间窗

5. 求解结果对比

表 6-4 为案例从允许长编组和短编组两种角度分别采用上述四种求解方法所得的计算结果对比（每种算法均计算三次，取最优解）。

表 6-4　案例求解结果对比

求解方法	编组方式	总收益/元	旅客旅行时间成本/元	虚糜度/%	用车数量/辆		总运行里程/km	停站总数/次	运送客流/人	总客流/人
					定员600	定员1100				
VII	长	36705033.4	2787051.5	27.7	4	136	127947.7	611	255408	255472
	短	28229071.9	2738108.5	19.4	222	—	207686.0	858	254852	255472
VIII	长	36971047.5	2777281.0	26.7	2	137	125543.1	580	255144	255472
	短	28155052.1	2839249.4	19.4	227	—	207310.2	891	254332	255472
IX	长	36285534.0	5446443.6	27.8	4	128	126740.8	735	249005	255472
	短	27423338.1	4689251.5	20.6	214	—	203355.6	1094	241162	255472
X	长	36474722.1	5205830.4	27.5	6	128	127148.3	727	252200	255472
	短	27412053.6	4390182.5	20.0	214	—	202717.0	1101	242588	255472

附注：编组方式中的"长"表示允许长编组，"短"表示短编组。

根据表 6-4 可知，所有方案中：采用 Approach Ⅷ求解且允许长编组所得方案的总收益最高；长编组方案用车较少，列车总运行里程和停站总数较少，客流流失也较少，但列车虚糜度（空座位走行里程和总座位走行里程的比值）水平比短编组方案要高；Approach Ⅶ和 Approach Ⅷ所获方案的各项指标比较接近，且总收益、旅行时间成本、虚糜度和运送客流数等指标基本上均优于其他两种方法所获方案；各种求解方法所获方案中的客流流失率均低于 5.6%，列车虚糜度低于 2019 年全国动车组平均客座虚糜度水平（整体水平 28.7%，高速列车 27.9%，城际列车 36.1%，普通动车组列车 29.2%，国家铁路集团有限公司 2019 年统计数据）。

6. 结果分析

根据 2019 年路网客流数据比例生成虚拟案例的求解结果可知如下内容：

（1）允许长编组的方案能在保证绝大多数客流均被运输的前提下大幅降低车底的使用数量和总运行里程，提高铁路运输企业的收益。

（2）Approach Ⅶ和 Approach Ⅷ所获方案较好，两者所获方案各项指标比较接近，且要优于其他两种方法所获方案。根据附录 E 中的案例优化结果数据，以上两种方法所获方案中需求拆分数量均少于其他两种方法所获方案，再次验证了第 3.3.2 节中的研究结论：在同样的算法和计算设备条件下，需求的拆分不一定越细致越好，找到一个合理的需求拆分规则和拆分方法更重要。

（3）基于本书方法从路网角度求解所得的列车开行方案中客流流失较少（表 6-4 中各方案的运送客流与总客流差值均很小），列车虚糜度小于全国路网实际平均水平，验证了第 6.2.1 节中总收益最大化子目标可对列车虚糜度进行有效控制的判断。虽然本章案例所考虑的因素相对于实际应用有待进一步细化，但本书模型和算法等相关理论体现了较好的应用价值，对于列车开行方案优化编制的应用实例具有参考和借鉴意义。

6.3 应用前景分析

1. PDPSTTWSL 理论应用于旅客列车开行方案编制有待深入研究

旅客列车开行方案的编制是一个系统性的工程问题，涉及的因素很多。本书案例对旅客列车开行方案优化编制的影响因素做了提炼，基于路网开行、需求最短路运输、列车沿着路径（Path）运行等基础性假设初步验证了 PDPSTTWSL 理论在路网型旅客列车开行方案优化编制领域的可行性。案例仅仅是理论方法在应用方向的初探，未来还需进一步调研分析各种应用背景下旅客列车开行方案优化编制问题中的相关影响因素，将其融入并改进 PDPSTTWSL 模型，并设计有针对性的算法，以将本书研究理论更深入地推向实际应用。

（1）目标函数。

既有旅客列车开行方案优化编制研究中的目标考虑的主要因素包括运输收入、运送客流量、未被服务客流数量、旅客出行效用、旅客旅行时间和费用、车底使用数量、列车运行时间和费用、列车停站时间和费用、列车虚糜情况、旅客可达性和最小周期时间等。而本书考虑的目标函数为系统收益最大化和旅客旅行时间成本最小化，与上述因素直接或间接相关。

旅客列车开行方案编制应用实例如有要求，可通过调整目标函数定义或改造目标函数形式将相关因素纳入考虑。

（2）旅客换乘。

编制旅客列车开行方案时，考虑旅客换乘可以有效降低列车虚糜度。在实际铁路旅客运输组织过程中存在一定比例的旅客经换乘到达目的地的情形，经咨询铁路企业专家可知：高速铁路旅客换乘比例为 20%～30%，其中大部分换乘客流为跨线客流，出现该现象是因为目前旅客列车主要按照干线开行，造成起止点不在一条干线上的旅客不得不换乘，真正起止点在同一干线乘客需换乘的现象很少，主要在票源紧张的高峰期或者临时购票时产生，比例较小。本章基于路网角度进行旅客列车开行方案优化编制的思路，可以根据旅客需求尽可能地考虑旅客的直达运输,从而大大降低换乘现象,如优化方案中存在乘客未被安排运输,可在实际售票环节由乘客自行查找购买同方向剩余的车票,或选择合适的车次换乘出行,或者选择其他交通运输方式出行。为降低问题的复杂程度,本章模型暂未考虑旅客换乘情况。

为进一步降低列车虚糜度,未来如需考虑换乘时,需进一步研究如何按一定节点分路段拆分客流。这与本章模型中将客流按需求量拆分不同,需在未来进一步深入研究。

(3)车底指派。

本章模型本质为开放式车辆路径问题的模型,考虑了各列车的车底安排,得出了列车在各站最早允许发车时间和最晚必须发车时间,为列车运行图的编制提供了参考。但由于模型中研究的是从路网角度编制开行方案,因此,未考虑列车成对开行以利于车底回车场的情形。

为进一步提高车底利用率,未来需进一步研究车底需回车场的情形。

(4)车站运力分配和发车频次。

由于案例中的 OD 已有时间窗要求,因此,本章模型未进一步考虑车站运力分配和发车频次的要求。

实际问题中如需考虑列车在各站的票额分配和发车频次以利于旅客按出行时间偏好选择出行所乘坐的列车,可在模型中进一步将列车在各站的客流发送量上限和各客流 OD 乘坐同一列车的数量上限纳入约束条件。

(5)列车开行方案对客流的影响。

列车开行方案根据客流编制,反过来对客流也会有所影响。包括本章案例在内的大多数研究均未考虑列车开行方案对客流的影响。

为向旅客提供优质的运输服务,在编制开行方案时考虑其对客流的影响也是未来有待深入研究的问题。

2. 应用前景

(1)路网型铁路旅客列车开行方案优化编制中的应用。

如条件允许,可在本书研究的基础上展开路网角度铁路旅客列车开行方案的优化编制研究。思路如下：首先，选择路网干线和重要节点车站构成一个路网，按照本书方法制定路网旅客列车开行方案，完成全路主体直通客流的分配；其次，选择区域内相关联的干线分别组成若干区域路网编制区域性的旅客列车开行方案，完成区域性主体客流的分配；最后，对剩余的客流再补开列车进行适当分配。

（2）其他交通运输组织方案优化编制中的应用。

需求拆分主要的应用场景为：路网上任意两点间的客流量较大，由不同的个体出行需求组合而成，因而可以离散地将其拆分后运输。

由此可见，本书 PDPSTTWSL 主要适用于大宗、公共性质的交通运输组织领域。除前面所提及的路网型铁路旅客列车开行方案优化编制之外，PDPSTTWSL 在城市轨道列车开行方案和城市公交开行方案的优化编制等领域均有较大的应用前景。以上问题的主要特点为：基于路网角度制定运输组织方案；存在大宗允许拆分的运输需求；需求要求按照最短路（距离最短、时间最短和成本最低等）运输。

综上分析，本书研究的 PDPSTTWSL 理论在路网型铁路旅客列车开行方案、城市轨道列车开行方案和城市公交开行方案等的优化编制领域具有潜在的应用前景。以上三类问题均为复杂系统工程问题，本书案例就 PDPSTTWSL 理论在路网型旅客列车开行方案优化编制案例中的适用性进行了初探。该理论未来如进一步投入应用，还需结合实例问题的相关要求深入展开研究。

6.4 小　结

本章结合路网型高速铁路旅客列车开行方案优化编制虚拟案例，对需求可拆分且带时间窗的 PDPST（PDPSTTWSL）的相关理论进行了适用性初探。经研究发现，结合 PDPSTTWSL 相关理论可以求解出案例较为满意的解，所得方案的客流流失较少，低于行业目前列车虚糜度的实际水平，方案还为列车运行图的铺画提供了列车开行时间段参考。案例的求解结果验证了 PDPSTTWSL 相关理论在旅客列车开行方案优化编制应用中的有效性和潜在应用价值。

本章还分析了 PDPSTTWSL 理论的应用前景。因旅客列车开行方案编制是一个系统性的工程问题，涉及的因素很多，将 PDPSTTWSL 相关理论应用于求解旅客列车开行方案优化编制实例问题时，还需根据实际应用的具体要求深入研究。未来，还可进一步调研分析交通运输组织领域中其他相关实际问题的具体要求，如允许乘客换乘和客流的时变性等，将其融入并改造 PDPSTTWSL 模型，设计有针对性的求解方法，将本书所研究的理论更深入地推向实际应用。

第 7 章

结论与展望

7.1 主要研究工作及贡献

本书研究了需求可拆分的最短路运输取送路径问题（PDPSTSL），此问题源自实际路网型运输组织问题（如城市公交、城市轨道和铁路等的运输组织方案优化问题等）。由于客户的要求和实际运输组织工作的需要，在该问题中：（1）需求可根据需要拆分；（2）需求需经起止点间的最短路运输；（3）车辆需沿着实际连通图上路径（Path，节点不重复的路线）运行。此外，还可能根据实际需要设置出行时间窗、运输距离、停站次数、车辆装载能力、站点作业能力和线路通过能力等约束条件，最终通过优化车辆路径方案和客流分配方案，达到运输收益最大化或者运输成本最小化等目标。该问题属于车辆路径问题（VRP），是取送路径问题（PDP）的一种衍生问题。对该问题的研究可以丰富 VRP 的理论体系，也可促进相关实际应用问题的求解。本书基于实际应用背景先后对需求可拆分的 PDPST、带时间窗的 PDPST 和需求可拆分且带时间窗的 PDPST 的模型及求解方法进行了研究，并结合高速铁路旅客列车开行方案优化编制案例对所研究的理论成果的适用性进行了验证，分析了其应用前景。

论文的主要研究工作如下：

（1）综述了需求可拆分的 PDP（PDPSL）的相关研究现状。

首先对需求可拆分 VRP（SDVRP）的特征和常见求解算法进行了归纳分析，然后对 PDP 的研究进行了分类综述，进而对其子问题——需求可拆分的 PDP（PDPSL）和带时间窗的 PDP（PDPTW）进行了分析总结。经对比国内外相关研究发现：需求拆分可能带来运输成本的节省。近年来，对 SDVRP 的研究逐渐增加，既有文献中对 PDP 进行研究的成果也比较丰富，两者可作为本书 PDPSL 相关研究的参考；现有的大多数算法所能求解的 SDVRP 的算例规模要小于传统 VRP，为满足大规模实际应用问题的求解需要，对 SDVRP 各类衍生问题的算法研究有必要继续深入；作为 SDVRP 的一种拓展子问题，PDPSL 在具有成对需求的运输组织领域有较大的应用前景，值得深入研究。最后结合文献对需求按最短路运输的 PDP（PDPST）的路径结构和模型等进行了阐述，作为后续章节的研究基础。

（2）对需求可拆分的 PDPST 进行了建模和求解方法研究。

基于前面对 PDPST 的相关界定、路径结构和基本模型等的分析、研究，结合运输组织领域中需求可拆分且按最短路运输的应用背景，采用一种新的基于需求/车辆和需求间连接关系的方式进行了问题的描述和建模，提出了基于求解过程中拆分和预拆分两类拆分策略的四种求解方法，并设计了基于七种邻域变换方法的多起点可变邻域下降算法（MS_VND）作为求解方法的核心算法。最后，通过对 63 个子算例求解对比发现：四种求解方法均能求得与精确算法软件 Gurobi 相近的解；其中过程拆分策略对应的求解方法 Approach Ⅰ（过程拆分+MS_VND Ⅱ）能在消耗稍长的计算时间内获得优于其他三种求解方法的解；三种预拆分方法之一对应的 Approach Ⅱ（预拆分方法 I+MS_VND Ⅰ）在求解时效性方面尤为出色，而且所获解的质量与过程拆分策略所获得的解相差不大，这对于大规模的路网型运输组织问题的求解尤为重要。

（3）对带时间窗的 PDPST 进行了建模和求解算法研究。

结合一些实际运输问题中的需求具有出行时间窗要求的背景，对带时间窗的 PDPST（PDPSTTW）的特点进行了分析，建立了该问题的数学模型，继而提出了路径可行判定规则（RFCR），研究了邻域变换过程中的路径结构可行判断矩阵、时间窗可行判断矩阵、装载力可行判断矩阵以及综合三者的路径可行判断矩阵的演变理论和方法，并将其用于提高邻域变换成功率，以提升算法效率。根据问题特点，基于 RFCR 设计了六种邻域变换方法和一种多起点自适应邻域搜索算法（MS_ANS+RFCR）用于求解该问题。经与 Gurobi 计算结果比较发现，MS_ANS +RFCR 在求解 PDPSTTW 的时效性上要优于 MS_ANS，并且两者均能在耗费比 Gurobi 更少的计算时间内获得与其相近的解，验证了 RFCR 对于 MS_ANS 求解效率的促进作用。

（4）对需求可拆分的 PDPSTTW 进行了建模和求解方法研究。

基于上述对 PDPSTSL 和 PDPSTTW 的相关研究成果，结合一些运输组织问题中存在的需求可拆分的特征和乘客出行时间窗的要求，提出了一种需求可拆分的 PDPSTTW（PDPSTTWSL）。根据问题中需求可拆分的特征和带时间窗的要求建立了该问题的数学模型，按照求解过程中拆分和预拆分两种策略分别采用 MS_ANS+RFCR 和改进的 MS_ANS+RFCR 进行了求解，并与 Gurobi 的求解结果进行了比较分析。结果显示，本书针对 PDPSTTWSL 提出的两种求解方法 Approach Ⅴ（过程拆分+改进的 MS_ANS+RFCR）和 Approach Ⅵ（预拆分方法Ⅰ+MS_ANS+RFCR）均能在可接受的时间内获得问题比较满意的解，其中，Approach Ⅵ 的求解时间少于 Approach Ⅴ，但 Approach Ⅴ 所获得的解稍好。以上两种 PDPSTTWSL 的求解方法可根据实际应用问题的求解需要进行比选。

（5）结合案例探究了 PDPSTTWSL 的适用性和应用前景。

结合高速铁路旅客列车开行方案优化编制中的虚拟案例对上述 PDPSTTWSL 的相关理论研究成果进行了验证，探究了其在相关应用领域的适用性，并分析了其应用前景。首先，基于本书所研究的 PDPSTTWSL 对案例进行了研究边界假定，进而改造构建了案例的优化模型。其次，采用四种基于 PDPSTTWSL 相关理论和求解方法改造的求解方法进行了计算。经对比发现，所改造的求解方法可以获得较为满意的案例优化方案，尤其是其中的 Approach Ⅶ（过程拆分+评价函数改造+邻域改进的 MS_VND+RFCR）和 Approach Ⅷ（预拆分方法Ⅰ+评价函数改造+MS_VND +RFCR）对案例的求解效果较好，所得方案的客流流失较少，列车虚糜度远低于实际应用中的水平，方案还为运行图的铺画提供了列车在各站发车时间窗的初步方案。求解结果验证了 PDPSTTWSL 相关理论对于求解该案例的适用性和有效性。最后，分析了 PDPSTTWSL 有关理论在相关交通运输组织领域的应用前景。

综上所述，本书的主要贡献如下：

（1）构建了需求可拆分的 PDPST 的数学模型，提出了相应的需求拆分策略和求解方法。

（2）构建了带时间窗的 PDPST 的数学模型，提出了邻域变换过程中的路径可行判断规则，据此设计了相应的求解算法。

（3）构建了需求可拆分且带时间窗的 PDPST 的数学模型，提出了相应的求解方法。

（4）探究了需求可拆分且带时间窗的 PDPST 相关理论在路网型高速铁路列车开行方案优化编制问题中的适用性，初步确认了 PDPSTTWSL 理论在相关案例中的潜在应用价值。

7.2 研究展望

在本书研究的基础上，有必要从以下几个方面展开进一步研究：

（1）PDPSTSL、PDPSTTW 和 PDPSTTWSL 算法效率的进一步提高。

本书所设计的启发式求解方法针对 PDPSTSL、PDPSTTW 和 PDPSTTWSL 算例的求解效率均较好，但这些求解方法所获得的解离最优解还存在一定的差距。此外，其中基于过程拆分策略的求解方法针对大多数问题均能求得比其他方法更好的解，但所耗时间较多。因此，为提高启发式求解方法的求解质量，加快其求解速度，未来有必要在本书研究的基础上进一步研究完善相关算法中的邻域变换方法，并尝试结合其他一些启发式思路改造算法结构、提高算法求解效率，以满足大规模实际应用问题尤其是时效性要求较高的问题的求解需要。

（2）PDPSTTWSL 理论在旅客列车开行方案优化编制问题中的深入研究。

本书基于一定的研究边界假设探究了 PDPSTTWSL 相关理论对于求解高速铁路旅客列车开行方案优化编制中虚拟案例的适用性。但旅客列车开行方案的优化编制是一个复杂的系统性工程问题，涉及的优化场景很多，未来还可从应用场景、参数设置、模型构建和算法设计等方面继续对该问题展开深入研究以满足实际应用需要。

（3）PDPSTSL、PDPSTTW 和 PDPSTTWSL 在其他领域中的应用研究。

相对于传统的 PDP，本书中的 PDPSTSL、PDPSTTW 和 PDPSTTWSL 基于需求/车辆和需求间连接关系构建的模型，能更清晰准确地描述问题中需求按最短路运输的要求，但其难度在于解的构造和路径结构的构造。本书探究了 PDPSTTWSL 在旅客列车开行方案优化编制案例中的应用，获得了较为满意的效果。未来还可以在本书研究的基础上结合路网型城市公交开行方案优化编制、城市轨道列车开行方案优化编制和考虑出行时间窗的网约车拼车调度等运输组织问题的具体要求，进一步开展各类 PDPSTSL、PDPSTTW 和 PDPSTTWSL 的应用研究。

参考文献

[1] DANTZIG G, RAMSER J. The truck dispatching problem[J]. Management Science, 1959,13:80-91.

[2] PARRAGH S N, DOERNER K F, HARTL R F. A survey on pickup and delivery problems[J]. Journal für Betriebswirtschaft, 2008, 58(2):81-117.

[3] QI X, FU Z, XIONG J, et al. One-to-one pickup and delivery problem with shortest-path transport: proceedings of the 9th international conference on logistics and systems engineering[C]. Changsha: Aussino Academic Publishing House, 2019.

[4] QI X, FU Z, XIONG J, et al. Multi-start heuristic approaches for one-to-one pickup and delivery problems with shortest-path transport along real-life paths[J]. PLoS One, 2020, 15(2): e227702.

[5] DROR M, TRUDEAU P. Savings by split delivery routing[J]. Transportation Science, 1989, 23(2): 141-145.

[6] DROR M, TRUDEAU P. Split delivery routing[J]. Naval Research Logistics, 1990, 37(3): 383-402.

[7] ARCHETTI C, SPERANZA M G. Vehicle routing problems with split deliveries[J]. International Transactions in Operational Research, 2012,19(1-2):3-22.

[8] 刘新宇, 符卓, 邱萌. 需求可拆分车辆路径问题研究——文献综述[J]. 技术经济, 2017, 36(1):96-109.

[9] 石建力. 随机分批配送车辆路径问题研究[D]. 成都: 西南交通大学, 2018.

[10] ARCHETTI C, SPERANZA M G, HERTZ A. A tabu search algorithm for the split delivery vehicle routing problem[J]. Transportation Science, 2006,40(1):64-73.

[11] ARCHETTI C, BIANCHESSI N, SPERANZA M G. A column generation approach for the split delivery vehicle routing problem[J]. Networks, 2011,58(4):241-254.

[12] ARCHETTI C, MANSINI R, SPERANZA M G. Complexity and reducibility of the skip delivery problem[J]. Transportation Science, 2005, 39:182-187.

[13] ARCHETTI C, SAVELSBERGH M W P, SPERANZA M G. Worst-case analysis for split delivery vehicle routing problems[J]. Transportation Science, 2006, 40(2): 226-234.

[14] ARCHETTI C, SAVELSBERGH M W P, GRAZIA S M. To split or not to split: that is the question[J]. Transportation Research Part E: Logistics and Transportation Review, 2008,44(1):114-123.

[15] CHEN P, GOLDEN B, WANG X, et al. A novel approach to solve the split delivery vehicle routing problem[J]. International Transactions in Operational Research, 2017,24:27-41.

[16] DERIGS U, VOGEL B L A U. Local search-based metaheuristics for the split delivery vehicle routing problem[J]. Journal of the Operational Research Society, 2010,61(9):1356-1364.

[17] WANG X, GOLDEN B, WASIL E, et al. The min-max split delivery multi-depot vehicle routing problem with minimum service time requirement[J]. Computers & Operations Research, 2016,71:110-126.

[18] SILVA M M, SUBRAMANIAN A, OCHI L S. An iterated local search heuristic for the split delivery vehicle routing problem[J]. Computers & Operations Research, 2015,53:234-249.

[19] 温真真. 需求可拆分车辆路径问题的迭代局部搜索算法研究[D]. 北京: 北京交通大学, 2015.

[20] HAN A F, CHU Y. A multi-start heuristic approach for the split-delivery vehicle routing problem with minimum delivery amounts[J]. Transportation Research Part E: Logistics and Transportation Review, 2016, 88:11-31.

[21] ALEMAN R E, ZHANG X, HILL R R. An adaptive memory algorithm for the split delivery vehicle routing problem[J]. Journal of

Heuristics, 2010,16(3):441-473.

[22] ARCHETTI C, SAVELSBERGH M W P, SPERANZA M G. An optimization-based heuristic for the split delivery vehicle routing problem[J]. Transportation Science, 2008(42):22-31.

[23] ALEMAN R E, HILL R R. A tabu search with vocabulary building approach for the vehicle routing problem with split demands[J]. International Journal of Metaheuristics, 2010(1):55-80.

[24] 孟凡超, 陆志强, 孙小明. 需求可拆分车辆路径问题的禁忌搜索算法[J]. 计算机辅助工程, 2010,19(1):78-83.

[25] 熊浩, 鄢慧丽. 需求可拆分车辆路径问题的三阶段禁忌算法[J]. 系统工程理论与实践, 2015,35(05):1230-1235.

[26] WILCK IV J H, CAVALIER T M. A genetic algorithm for the split delivery vehicle routing problem[J]. American Journal of Operations Research, 2012,02(02): 207-216.

[27] JIN M, LIU K, EKSIOGLU B. A column generation approach for the split delivery vehicle routing problem[J]. Operations Research Letters, 2008,36(2):265-270.

[28] CHEN S, GOLDEN B, WASIL E. The split delivery vehicle routing problem: applications, test problems, and computational results[J]. Networks, 2007(94): 318-329.

[29] 李华峰, 黄樟灿, 张蔷, 等. 求解需求可拆分车辆路径问题的改进的金字塔演化算法[J/OL]. 计算机应用, 2020: 1-8(2020-07-18) [2020-07-30]. https://kns.cnki.net/kcms/detail/51.1307.TP.20200716.1007.004.html.

[30] 向婷, 潘大志. 求解需求可拆分车辆路径问题的聚类算法[J]. 计算机应用, 2016, 36(11): 3141-3145.

[31] 姜婷. 求解需求可拆分车辆路径问题的人工蜂群算法[J]. 四川理工学院学报(自然科学版), 2017, 30(03): 6-9.

[32] 卿东升, 邓巧玲, 李建军, 等. 基于粒子群算法的满载需求可拆分

车辆路径规划[J/OL]．控制与决策，2020：1-9（2020-02-20）[2020-07-30] https://doi.org/ 10.13195/j.kzyjc.2019.1323.

[33] 刘旺盛, 黄娟. 需求可拆分的车辆路径问题的分段求解[J]. 集美大学学报(自然科学版), 2011,16(01):38-44.

[34] BLUM C, PUCHINGER J, RAIDL G R, et al. Hybrid metaheuristics in combinatorial optimization: A survey[J]. Applied Soft Computing, 2011,11(6):4135-4151.

[35] MOSHREF-JAVADI M, LEE S. The customer-centric, multi-commodity vehicle routing problem with split delivery[J]. Expert Systems with Applications, 2016,56:335-348.

[36] WANG J, RANGANATHAN JAGANNATHAN A K, ZUO X, et al. Two-layer simulated annealing and tabu search heuristics for a vehicle routing problem with cross docks and split deliveries[J]. Computers & Industrial Engineering, 2017,112: 84-98.

[37] SOUSA M M R, FROTA Y, OCHI L S. Green vehicle routing and scheduling problem with split delivery[J]. Electronic Notes in Discrete Mathematics, 2018,69:13-20.

[38] BORTFELDT A, YI J. The split delivery vehicle routing problem with three-dimensional loading constraints[J]. European Journal of Operational Research, 2020,282(2):545-558.

[39] MORENO L, DE ARAGÃO M P, UCHOA E. Improved lower bounds for the split delivery vehicle routing problem[J]. Operations Research Letters, 2010,38(4): 302-306.

[40] FEILLET D, GENDREAU M, MEDAGLIA A L, et al. A note on branch-and-cut-and-price[J]. Operations Research Letters, 2010, 38(5): 346-353.

[41] ARCHETTI C, BIANCHESSI N, SPERANZA M G. Branch-and-cut algorithms for the split delivery vehicle routing problem[J]. European Journal of Operational Research, 2014,238(3):685-698.

[42] GSCHWIND T, BIANCHESSI N, IRNICH S. Stabilized branch-price-and-cut for the commodity-constrained split delivery vehicle routing problem[J]. European Journal of Operational Research, 2019, 278(1): 91-104.

[43] LEE C, EPELMAN M A, WHITE C C, et al. A shortest path approach to the multiple-vehicle routing problem with split pick-ups[J]. Transportation Research Part B: Methodological, 2006, 40(4): 265-284.

[44] DROR M, LAPORTE G, TRUDEAU P. Vehicle routing with split deliveries[J]. Discrete Applied Mathematics, 1994, 50: 239-254.

[45] BELENGUER J M, MARTINEZ M C, MOTA E. A lower bound for the split delivery vehicle routing problem[J]. Operations Research, 2000, 48(5): 801-810.

[46] SALANI M, VACCA I. Branch and price for the vehicle routing problem with discrete split deliveries and time windows[J]. European Journal of Operational Research, 2011, 213(3): 470-477.

[47] HO S C, HAUGLAND D. A tabu search heuristic for the vehicle routing problem with time windows and split deliveries[J]. Computers & Operations Research, 2004, 31(12):1947-1964.

[48] BELFIORE P C, YOSHIDA Y H T. Scatter search for a real-life heterogeneous fleet vehicle routing problem with time windows and split deliveries in Brazil[J]. European Journal of Operational Research, 2009, 199(3): 750-758.

[49] GULCZYNSKI D, GOLDEN B, WASIL E. The split delivery vehicle routing problem with minimum delivery amounts[J]. Transportation Research Part E: Logistics and Transportation Review, 2010, 46(5): 612-626.

[50] RAY S, SOEANU A, BERGER J, et al. The multi-depot split-delivery vehicle routing problem: model and solution algorithm[J].

Knowledge-Based Systems, 2014, 71:238-265.

[51] 李三彬, 柴玉梅, 王黎明. 需求可拆分的开放式车辆路径问题研究[J]. 计算机工程, 2011, 37(06): 168-171.

[52] 雷洪涛. 随机与动态物流网络优化问题研究[D]. 长沙: 国防科学技术大学, 2011.

[53] 杨亚璪, 靳文舟, 郝小妮, 等. 求解集送货可拆分车辆路径问题的启发式算法[J]. 华南理工大学学报(自然科学版), 2010, 38(3): 58-63.

[54] CASAZZA M, CESELLI A, Wolfler Calvo R. A route decomposition approach for the single commodity split pickup and split delivery vehicle routing problem[J]. European Journal of Operational Research, 2021,289(3):897-911.

[55] GU W, CATTARUZZA D, OGIER M, et al. Adaptive large neighborhood search for the commodity constrained split delivery VRP[J]. Computers & Operations Research, 2019, 112:104761.

[56] ARCHETTI C, BIANCHESSI N, SPERANZA M G. A branch-price-and-cut algorithm for the commodity constrained split delivery vehicle routing problem[J]. Computers & Operations Research, 2015, 64:1-10.

[57] HASANI-GOODARZI A, TAVAKKOLI-MOGHADDAM R. Capacitated vehicle routing problem for multi-product cross-docking with split deliveries and pickups[J]. Procedia-Social and Behavioral Sciences, 2012,62:1360-1365.

[58] HENNIG F, NYGREEN B, CHRISTIANSEN M, et al. Maritime crude oil transportation: a split pickup and split delivery problem[J]. European Journal of Operational Research, 2012,218(3):764-774.

[59] HERNÁNDEZ-PÉREZ H, SALAZAR-GONZÁLEZ J. The multi-commodity one-to-one pickup-and-delivery traveling salesman problem[J]. European Journal of Operational Research, 2009,

196(3):987-995.

[60] HERNÁNDEZ-PÉREZ H, RODRÍGUEZ-MARTÍN I, SALAZAR-GONZÁLEZ J. A hybrid heuristic approach for the multi-commodity pickup-and-delivery traveling salesman problem[J]. European Journal of Operational Research, 2016,251(1):44-52.

[61] RODRÍGUEZ-MARTÍN I, JOSÉ SALAZAR-GONZÁLEZ J. A hybrid heuristic approach for the multi-commodity one-to-one pickup-and-delivery traveling salesman problem[J]. Journal of Heuristics, 2012, 18(6):849-867.

[62] PARRAGH S N, DOERNER K F, HARTL R F. A survey on pickup and delivery problems part I: transportation between customers and depot[J]. Journal für Betriebswirtschaft, 2008,58(1):21-51.

[63] PARRAGH S N, DOERNER K F, HARTL R F. A survey on pickup and delivery problems part II: transportation between pickup and delivery locations[J]. Journal für Betriebswirtschaft, 2008, 58(2): 81-117.

[64] BERBEGLIA G, CORDEAU J, GRIBKOVSKAIA I, et al. Static pickup and delivery problems: a classification scheme and survey[J]. TOP, 2007,15(1):1-31.

[65] BERBEGLIA G, CORDEAU J, LAPORTE G. Dynamic pickup and delivery problems[J]. European Journal of Operational Research, 2010, 202(1):8-15.

[66] ZHU Z, XIAO J, HE S, et al. A multi-objective memetic algorithm based on locality-sensitive hashing for one-to-many-to-one dynamic pickup-and-delivery problem[J]. Information Sciences, 2016, 329:73-89.

[67] KALAYCI C B, KAYA C. An ant colony system empowered variable neighborhood search algorithm for the vehicle routing problem with simultaneous pickup and delivery[J]. Expert Systems with

Applications, 2016,66(30):163-175.

[68] EUCHI J, FRIFITA S. Hybrid metaheuristic to solve the one-to-many-to-one problem case of distribution of soft drink in Tunisia[J]. Management Decision, 2017,55(1):136-155.

[69] KOÇ Ç, LAPORTE G. Vehicle routing with backhauls: review and research perspectives[J]. Computers & Operations Research, 2018, 91:79-91.

[70] RIECK J, EHRENBERG C, ZIMMERMANN J. Many-to-many location-routing with inter-hub transport and multi-commodity pickup-and-delivery[J]. European Journal of Operational Research, 2014, 236(3):863-878.

[71] AZADIAN F, MURAT A, CHINNAM R B. An unpaired pickup and delivery problem with time dependent assignment costs: application in air cargo transportation [J]. European Journal of Operational Research, 2017,263(1):188-202.

[72] LIU M, LUO Z, LIM A. A branch-and-cut algorithm for a realistic dial-a-ride problem[J]. Transportation Research Part B: Methodological, 2015, 81:267-288.

[73] HO S C, SZETO W Y, KUO Y, et al. A survey of dial-a-ride problems: Literature review and recent developments[J]. Transportation Research Part B: Methodological, 2018, 111:395-421.

[74] ROPKE S, CORDEAU J O, LAPORTE G. Models and branch-and-cut algorithms for pickup and delivery problems with time windows[J]. Networks, 2007, 49(4): 258-272.

[75] GUTIÉRREZ-JARPA G, DESAULNIERS G, LAPORTE G, et al. A branch-and-price algorithm for the vehicle routing problem with deliveries, selective pickups and time windows[J]. European Journal of Operational Research, 2010, 206(2):341-349.

[76] CHERKESLY M, DESAULNIERS G, IRNICH S, et al. Branch-

price-and-cut algorithms for the pickup and delivery problem with time windows and multiple stacks[J]. European Journal of Operational Research, 2016, 250(3): 782-793.

[77] LIU F, GUI M, YI C, et al. A fast decomposition and reconstruction framework for the pickup and delivery problem with time windows and LIFO loading[J]. IEEE Access, 2019, 7:71813-71826.

[78] WANG Y, YUAN Y, GUAN X, et al. Collaborative mechanism for pickup and delivery problems with heterogeneous vehicles under time windows[J]. Sustainability, 2019,11(12):3492.

[79] GRIMAULT A, BOSTEL N, LEHUÉDÉ F. An adaptive large neighborhood search for the full truckload pickup and delivery problem with resource synchronization [J]. Computers & Operations Research, 2017, 88:1-14.

[80] NAGY G, SALHI S. Heuristic algorithms for single and multiple depot vehicle routing problems with pickups and deliveries[J]. European Journal of Operational Research, 2005,162(1):126-141.

[81] LI J, PARDALOS P M, SUN H, et al. Iterated local search embedded adaptive neighborhood selection approach for the multi-depot vehicle routing problem with simultaneous deliveries and pickups[J]. Expert Systems with Applications, 2015, 42(7): 3551-3561.

[82] ALAIA E B, DRIDI I H, BOUCHRIHA H, et al. Insertion of new depot locations for the optimization of multi-vehicles multi-depots pickup and delivery problems using genetic algorithm: proceedings of international conference on industrial engineering & systems management[C]. Shanghai: IEEE, 2016.

[83] MITRA S. An Algorithm For The generalized vehicle routing problem with backhauling[J]. Asia-Pacific Journal of Operational Research, 2005, 22(2): 153- 169.

[84] MITRA S. A parallel clustering technique for the vehicle routing

problem with split deliveries and pickups[J]. Journal of the Operational Research Society, 2008, 59(11):1532-1546.

[85] THANGIAH S, FERGANY A, AWAN S. Real-time split-delivery pickup and delivery time window problems with transfers[J]. Central European Journal of Operations Research, 2007,15(4):329-349.

[86] NOWAK M, ERGUN Ö, WHITE C C. Pickup and delivery with split loads[J]. Transportation Science, 2008,42(1):32-43.

[87] NOWAK M, ERGUN O, WHITE C C. An empirical study on the benefit of split loads with the pickup and delivery problem[J]. European Journal of Operational Research, 2009,198(3):734-740.

[88] ŞAHIN M, ÇAVUŞLAR G, ÖNCAN T, et al. An efficient heuristic for the multi-vehicle one-to-one pickup and delivery problem with split loads[J]. Transportation Research Part C: Emerging Technologies, 2013,27:169-188.

[89] CLARKE G, WRIGHT J W. Scheduling of vehicles from a central depot to a number of delivery points[J]. Operations Research, 1964,12(4):568-581.

[90] ROPKE S, PISINGER D. An adaptive large neighborhood search heuristic for the pickup and delivery problem with time windows[J]. Transportation Science, 2006,40(4):455-484.

[91] WOLFINGER D. A large neighborhood search for the pickup and delivery problem with time windows, split loads and transshipments[J]. Computers & Operations Research, 2021, 126: 105110.

[92] YIN C, BU L, GONG H. Mathematical model and algorithm of split load vehicle routing problem with simultaneous delivery and pickup [J]. International Journal of Innovative Computing, Information and Control, 2013, 9(11): 4497-4508.

[93] CHEN Q, LI K, LIU Z. Model and algorithm for an unpaired pickup and delivery vehicle routing problem with split loads[J]. Transportation

Research Part E: Logistics and Transportation Review, 2014, 69: 218-235.

[94] QIU M, FU Z, EGLESE R, et al. A tabu search algorithm for the vehicle routing problem with discrete split deliveries and pickups[J]. Computers and Operations Research, 2018,100:102-116.

[95] SALAZAR-GONZÁLEZ J, SANTOS-HERNÁNDEZ B. The split-demand one-commodity pickup-and-delivery travelling salesman problem[J]. Transportation Research Part B: Methodological, 2015, 75:58-73.

[96] HERNÁNDEZ-PÉREZ H, SALAZAR-GONZÁLEZ J J, SANTOS-HERNÁNDEZ B. Heuristic algorithm for the split-demand one-commodity pickup-and-delivery travelling salesman problem[J]. Computers & Operations Research, 2018,97:1-17.

[97] CASAZZA M, CESELLI A, WOLFLER C R. A branch and price approach for the split pickup and split delivery VRP[J]. Electronic Notes in Discrete Mathematics, 2018,69:189-196.

[98] WOLFINGER D, SALAZAR-GONZÁLEZ J. The pickup and delivery problem with split loads and transshipments: a branch-and-cut solution approach[J]. European Journal of Operational Research, 2021,289(2):470-484.

[99] HADDAD M N, MARTINELLI R, VIDAL T, et al. Large neighborhood-based metaheuristic and branch-and-price for the pickup and delivery problem with split loads[J]. European Journal of Operational Research, 2018, 270(3):1014-1027.

[100] LAI M, CAO E. An improved differential evolution algorithm for vehicle routing problem with simultaneous pickups and deliveries and time windows[J]. Engineering Applications of Artificial Intelligence, 2010,23(2):188-195.

[101] 潘立军. 带时间窗车辆路径问题及其算法研究[D]. 长沙: 中南大

学, 2012.

[102] HOSNY M I, MUMFORD C L. Constructing initial solutions for the multiple vehicle pickup and delivery problem with time windows[J]. Journal of King Saud University-Computer & Information Sciences, 2012,24(1):59-69.

[103] WANG H, CHEN Y. A genetic algorithm for the simultaneous delivery and pickup problems with time window[J]. Computers & Industrial Engineering, 2012,62(1):84-95.

[104] WANG C, MU D, ZHAO F, et al. A parallel simulated annealing method for the vehicle routing problem with simultaneous pickup-delivery and time windows[J]. Computers & Industrial Engineering, 2015,83:111-122.

[105] 程谦, 张大力, 侯立文. 具有时间窗的取送货问题建模和大邻域搜索算法[J]. 哈尔滨商业大学学报(自然科学版), 2016(06): 734-739.

[106] NACCACHE S, CÔTÉ J, COELHO L C. The multi-pickup and delivery problem with time windows[J]. European Journal of Operational Research, 2018,269(1):353-362.

[107] LAGOS C, GUERRERO G, CABRERA E, et al. An improved particle swarm optimization algorithm for the vrp with simultaneous pickup and delivery and time windows[J]. IEEE Latin America Transactions, 2018,16(6):1732-1740.

[108] AL C Z, MANIER H, MANIER M A. A lexicographic approach for the bi-objective selective pickup and delivery problem with time windows and paired demands[J]. Annals of Operations Research, 2019,273(1):237-255.

[109] DAHLE L, ANDERSSON H, CHRISTIANSEN M, et al. The pickup and delivery problem with time windows and occasional drivers[J]. Computers & Operations Research, 2019, 109: 122-133.

[110] GYÖRGYI P, KIS T. A probabilistic approach to pickup and delivery

[110] problems with time window uncertainty[J]. European Journal of Operational Research, 2019,274(3):909-923.

[111] SROUR F J, AGATZ N, OPPEN J. Strategies for handling temporal uncertainty in pickup and delivery problems with time windows[J]. Transportation Science, 2016,52(1):3-19.

[112] MA Y, LI Z, YAN F, et al. A hybrid priority-based genetic algorithm for simultaneous pickup and delivery problems in reverse logistics with time windows and multiple decision-makers[J]. Soft Computing, 2019,23(15):6697- 6714.

[113] BALDACCI R, BARTOLINI E, MINGOZZI A. An exact algorithm for the pickup and delivery problem with time windows[J]. European Journal of Operational Research, 2011,59(2):414-426.

[114] AZIEZ I, CÔTÉ J, COELHO L C. Exact algorithms for the multi-pickup and delivery problem with time windows[J]. European Journal of Operational Research, 2020,284(3):906-919.

[115] MUELAS S, LATORRE A, PEÑA J. A distributed VNS algorithm for optimizing dial-a-ride problems in large-scale scenarios[J]. Transportation Research Part C: Emerging Technologies, 2015, 54: 110-130.

[116] FLEISCHMANN B. A cutting plane procedure for the travelling salesman problem on road networks[J]. European Journal of Operational Research, 1985,21(3): 307-317.

[117] CORNUÉJOLS G, FONLUPT J, NADDEF D. The traveling salesman problem on a graph and some related integer polyhedra.[J]. 1985, 33(1): 1-27.

[118] LETCHFORD A N, NASIRI S D, OUKIL A. Pricing routines for vehicle routing with time windows on road networks[J]. Computers & Operations Research, 2014,51:331-337.

[119] MAHMOUDI M, ZHOU X. Finding optimal solutions for vehicle routing problem with pickup and delivery services with time windows:

A dynamic programming approach based on state-space-time network representations[J]. Transportation Research Part B: Methodological, 2016,89:19-42.

[120] BEN TICHA H, ABSI N, FEILLET D, et al. Empirical analysis for the VRPTW with a multigraph representation for the road network[J]. Computers & Operations Research, 2017,88:103-116.

[121] 问道网. 拼车需求调查问卷[CP/OL]. (2020-06-06)[2020-6-20]. http://survey. askform.cn/formpage.aspx?type = 1&userid = 151232& formid = 298500&.

[122] LIN Y, SCHRAGE L. The global solver in the LINDO API[J]. Optimization Methods & Software, 2009,24(4-5):657-668.

[123] POTVIN J Y, ROUSSEAU J M. A parallel route building algorithm for the vehicle routing and scheduling problem with time windows[J]. European Journal of Operational Research, 1993,66(3):331-340.

[124] GHILAS V, DEMIR E, VAN WOENSEL T. An adaptive large neighborhood search heuristic for the pickup and delivery problem with time windows and scheduled lines[J]. Computers & Operations Research, 2016,72:12-30.

[125] 付慧伶, 聂磊, 杨浩, 等. 基于备选集的高速铁路列车开行方案优化方法研究[J]. 铁道学报, 2010,32(06):1-8.

[126] 陶思宇. 客运专线网络旅客列车开行方案优化设计与调整研究[D]. 成都：西南交通大学, 2012.

[127] 余朝. 高速铁路动车组列车开行方案优化[D]. 长沙：中南大学, 2012.

[128] 苏焕银, 史峰, 邓连波, 等. 面向时变需求的高速铁路列车开行方案优化方法[J]. 交通运输系统工程与信息, 2016,16(5):110-116, 135.

[129] 余强. 基于客流分配结果的列车开行方案优化研究[J]. 价值工程, 2017, 36(7): 20-22.

[130] 李博. 成网条件下高速铁路夕发朝至列车开行方案编制关键问题研究[D]. 北京: 中国铁道科学研究院, 2017.

[131] 习子文. 网络化条件下旅客列车径路优化研究[D]. 成都: 西南交通大学, 2018.

[132] 王莹. 面向超长距离客流的高速铁路网络化列车开行方案研究[D]. 北京: 北京交通大学, 2018.

[133] 张新. 基于能力利用的高速铁路周期模式列车开行方案优化理论与方法[D]. 北京: 北京交通大学, 2019.

[134] 申杰. 基于列生成算法的新建高铁列车开行方案优化研究[D]. 北京: 北京交通大学, 2019.

[135] 宋泽堃. 基于可达性的城际高速铁路网列车开行方案优化研究[D]. 北京: 北京交通大学, 2019.

[136] 孙梦霞, 倪少权, 吕红霞. 网络条件下轨道交通开行方案协调优化研究[J]. 交通运输工程与信息学报, 2020, 18(01): 26-33.

[137] 秦进, 谭宇超, 张威, 等. 基于时空网络的城际高速铁路列车开行方案优化方法[J]. 铁道学报, 2020, 42(02): 1-10.

[138] 史峰, 李彦霖, 胡心磊, 等. 面向服务水平的高速铁路列车开行方案优化[J]. 中国铁道科学, 2018, 39(05): 127-136.

[139] 付慧伶, 胡怀宾, 武鑫. 高速列车周期性开行方案优化模型与交叉熵算法[J]. 交通运输系统工程与信息, 2020, 20(01): 160-165.

[140] 龙品秀, 史峰, 胡心磊, 等. 不同需求日高铁列车开行方案协同优化方法[J]. 铁道科学与工程学报, 2019, 16(02): 310-318.

[141] 王莹, 刘岭, 王家康. 高速铁路网络化客流分配方法[J]. 交通运输系统工程与信息, 2019, 19(01): 111-117.

[142] 唐洁, 杨信丰, 申恒宇. 高速铁路跨线旅客列车开行方案优化研究[J]. 铁道科学与工程学报, 2019, 16(03): 596-604.

[143] 王宇强, 魏玉光, 商攀, 等. 考虑跨线列车的高速铁路能力最大化合理利用研究[J]. 铁道学报, 2020, 42(10): 23-29.

[144] 林立, 孟学雷, 宋仲仲. 高速铁路线路中断条件下列车开行方案研

[145] 黄志鹏, 牛惠民. 基于时段偏好的高速铁路列车停站和频率优化[J]. 交通信息与安全, 2020, 38(04): 115-121.

[146] 许若曦, 聂磊, 付慧伶. 面向提升旅客出行效率的高速铁路列车停站方案优化[J]. 交通运输系统工程与信息, 2020, 20(02): 174-180.

[147] 于婕, 韩宝明, 曹金铭. 高速铁路夕发朝至列车开行模式组合研究[J]. 铁道运输与经济, 2019, 41(12): 63-70.

[148] 中国国家铁路集团有限公司. 中国铁路12306[CP/OL]. (2020-01-30) [2020-1-30]. https://www.12306.cn/index/.

[149] 地铁图. 浅析中国高铁单趟耗电量及运营成本[CP/OL]. (2019-02-25) [2020-1-30]. https://www.ditietu.com/p/1940.

[150] 杨晓. 客运专线旅客列车开行方案研究[D]. 北京：北京交通大学, 2008.

[151] 刘帆洨, 彭其渊, 鲁工圆, 等. 基于高速铁路换乘服务网络的随机用户均衡模型[J]. 铁道运输与经济, 2018,40(08):81-87.

附录 A 需求/车辆和需求连接关系相关参数的取值

表 A-1　$lc_{i,j}$、$ct_{i,j}$ 和 $ca_{i,j}$ 的取值

路径结构	$lc_{i,j}$	$lc_{j,i}$	$ct_{i,j}$	$ct_{j,i}$	$ca_{i,j}$	$ca_{j,i}$
	0	∞	1	0	0	0
	0	0	1	1	0	1
	0	∞	1	0	1	0
	0	0	1	1	1	1
	∞	∞	0	0	0	0
	∞	∞	0	0	0	0
	∞	∞	0	0	0	0
	∞	∞	0	0	0	0
	∞	∞	0	0	0	0
	∞	∞	0	0	0	0
	∞	0	0	1	0	1
	∞	∞	0	0	0	0

续表

路径结构	$lc_{i,j}$	$lc_{j,i}$	$ct_{i,j}$	$ct_{j,i}$	$ca_{i,j}$	$ca_{j,i}$
(图)	∞	∞	0	0	0	0
(图)	0	∞	1	0	1	0
(图)	L_1	∞	1	0	1	0
(图)	0	∞	1	0	1	0
(图)	∞	∞	0	0	0	0
(图)	∞	∞	0	0	0	0
(图)	∞	∞	0	0	0	0
(图)	∞	∞	0	0	0	0
(图)	∞	∞	0	0	0	0
(图)	∞	∞	0	0	0	0
(图)	∞	∞	0	0	0	0

续表

路径结构	$lc_{i,j}$	$lc_{j,i}$	$ct_{i,j}$	$ct_{j,i}$	$ca_{i,j}$	$ca_{j,i}$
(图)	∞	∞	0	0	0	0
(图)	L_1	L_2	1	1	1	1
(图)	∞	∞	0	0	0	0
(图)	∞	∞	0	0	0	0
(图)	L_1	∞	1	0	1	0
(图)	0	∞	1	0	1	0
(图)	L_1	∞	1	0	1	0

附录 A 需求车辆和需求连接关系相关参数的取值

附录 B 算例数据

1. PDPSTSL 基础算例（Matlab 格式）

https://www.researchgate.net/publication/340452806_PDPSTSLjichusuanlimatlab

2. PDPSTSL 子算例（Matlab 格式）

https://www.researchgate.net/publication/340453466_PDPSTSLzisuanlimatlab

3. PDPSTTW 算例（Matlab 格式）

https://www.researchgate.net/publication/340453581_PDPSTTWsuanlimatlab

附录 C MS_VND Ⅱ 算法中参数 $opt(k)$ 和 $pc(k)$ 的设置

由于在 MD_VND Ⅱ 中增加了拆分和 K-替换两种邻域变换方法，因此，参数 $opt(k)$ 和 $pc(k)$ 应重新试验后确定。和 MD_VND Ⅰ 类似，以上两个参数通过九个算例（包括大、中、小三类路网规模）进行了测试，参数设置考虑了计算时间和求解质量的平衡。

图 C-1 列出了前六种邻域变换方法的计算效率，重新指派车辆仅作扰动用，时效性远差于前六者。

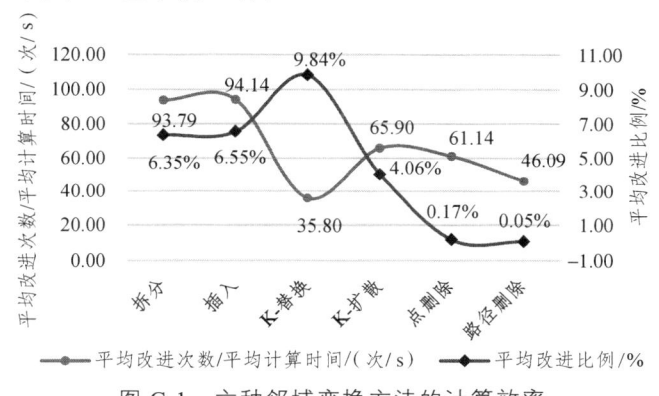

图 C-1　六种邻域变换方法的计算效率

根据图 C-1，结合参考文献[4]，可在 MD_VND Ⅱ 的扰动中按照 $pc(k)$ 的取值分别为 6/35，7/35，10/35，4/35，1/35，1/35 和 6/35 的概率选择七种邻域变换方法。扰动中的 $pc(k)$ 确定后，进一步测试可得七种邻域变换方法的计算效率如图 C-2 所示。

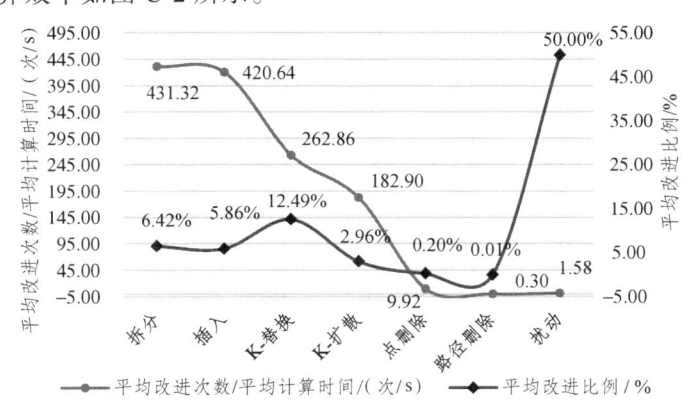

图 C-2　七种邻域变换方法的计算效率

据图 C-2 可确定 MS_VND II 中邻域变换方法的选用顺序为：拆分、插入、K-替换、K-扩散、点删除、路径删除和扰动。

因此，最终 $opt(k)$ 和 $pc(k)$ 的参数设置如表 C-1 所示。

表 C-1　MS_VND II 中 $opt(k)$ 和 $pc(k)$ 的设置

参数	定义	取值
$pc(k)$	扰动选择邻域组合的概率	拆分、插入、K-替换、K-扩散、点删除、路径删除和重新指派车辆的概率分别为 6/35, 7/35, 10/35, 4/35, 1/35, 1/35, 6/35。
$opt(k)$	邻域选择顺序	拆分、插入、K-替换、K-扩散、点删除、路径删除和扰动。

附录 D　路径可行判断规则相关定理和推论的证明

1. 本书第 4 章定理 4-1 的证明

证明：充分性。

如果需求 k 能和路径 m 上的所有需求按照路径结构合并，依据参考文献中[3,4]的路径构造方法，需求 k 能按照路径结构插入路径 m 可分以下三种情况证明。

情形 1：插入点 r_i 和 r_j 都能被找到。

因为 $l_{r_i,r_{i+1}} = l_{r_i,p_k} + l_{p_k,r_{i+1}}$ 且 $l_{r_j,r_{j+1}} = l_{r_j,d_k} + l_{d_k,r_{j+1}}$，因此，$r_i - p_k - r_{i+1}$ 和 $r_j - d_k - r_{j+1}$ 都是最短路径，新路径 m' 的路径结构可分为两种：

$R'_m(r_1 \cdots r_i - p_k - r_{i+1} \cdots r_j - d_k - r_{j+1} \cdots r_n)$ 和 $R'_m(r_1 \cdots r_i - p_k - d_k - r_{i+1} \cdots r_n)$。

（1）如果新路径 m' 的结构为 $R'_m(r_1 \cdots r_i - p_k - r_{i+1} \cdots r_j - d_k - r_{j+1} \cdots r_n)$，即 p_k 和 d_k 间有不少于 1 个点。令

$$Z_1 = \{r_1, \cdots, r_i\}, \quad Z_2 = \{r_{i+1}, \cdots, r_j\} \quad 和 \quad Z_3 = \{r_{j+1}, \cdots, r_n\}$$

显然，路径 m 中的每个需求能经过 $R'_m(r_1 \cdots r_i - p_k - r_{i+1} \cdots r_j - d_k - r_{j+1} \cdots r_n)$ 被最短路运输，因为 $l_{r_i,r_{i+1}} = l_{r_i,p_k} + l_{p_k,r_{i+1}}$ 且 $l_{r_j,r_{j+1}} = l_{r_j,d_k} + l_{d_k,r_{j+1}}$。因为任意需求 r_s-r_t 均能和需求 k 合并：

如果 $r_s \in Z_1$，$r_t \in Z_2$，那么 r_t 在唯一路径 $p_k - r_t - d_k$ 上；

如果 $r_s \in Z_2$，$r_t \in Z_2$，那么 r_s 和 r_t 均在唯一路径 $p_k - r_s - r_t - d_k$ 上；

如果 $r_s \in Z_2$，$r_t \in Z_3$，那么 r_s 在唯一路径 $p_k - r_s - d_k$ 上。

综上所述，需求 k 和原路径上的所有需求均能通过 $R'_m(r_1 \cdots r_i - p_k - r_{i+1} \cdots r_j - d_k - r_{j+1} \cdots r_n)$ 被最短路运输，因此新路径 m' 是结构可行的，即需求 k 可以按照路径结构插入路径 m。

（2）如果新路径 m' 的结构为 $R'_m(r_1 \cdots r_i - p_k - d_k - r_{i+1} \cdots r_n)$，显然，需求 k 和原路径上的所有需求均能通过 $R'_m(r_1 \cdots r_i - p_k - r_{i+1} \cdots r_j - d_k - r_{j+1} \cdots r_n)$ 被最短路运输，因此，新路径 m' 是结构可行的，即需求 k 可以按照路径结构插入路径 m。

情形 2：只有一个插入点 r_i 或 r_j 能被找到。

新路径 m' 的路径结构可分为两种：

$R'_m(r_1\cdots r_i-p_k-r_{i+1}\cdots r_n-d_k)$ 和 $R'_m(p_k-r_1\cdots r_j-d_k-r_{j+1}\cdots r_n)$。

（1）如果新路径 m' 的结构为 $R'_m(r_1\cdots r_i-p_k-r_{i+1}\cdots r_n-d_k)$，即 p_k 和 d_k 间有不少于 1 个点。令

$$Z_1=\{r_1,\cdots,r_i\} \quad \text{和} \quad Z_2=\{r_{i+1},\cdots,r_n\}$$

显然，原路径 m 中的所有需求也能通过 $R'_m(r_1\cdots r_i-p_k-r_{i+1}\cdots r_n-d_k)$ 被最短路运输，因为 $l_{r_i,r_{i+1}}=l_{r_i,p_k}+l_{p_k,r_{i+1}}$。因为任意需求 r_s-r_t 均能和需求 k 合并：

如果 $r_s\in Z_1$，$r_t\in Z_2$，那么 r_t 在唯一路径 $p_k-r_t-d_k$ 上；

如果 $r_s\in Z_2$，$r_t\in Z_2$，那么 r_s 和 r_t 均在唯一路径 $p_k-r_s-r_t-d_k$ 上。

综上所述，需求 k 和原路径上的所有需求均能通过 $R'_m(r_1\cdots r_i-p_k-r_{i+1}\cdots r_n-d_k)$ 被最短路运输，因此，新路径 m' 是结构可行的，即需求 k 可以按照路径结构插入路径 m。

（2）如果新路径 m' 的结构为 $R'_m(p_k-r_1\cdots r_j-d_k-r_{j+1}\cdots r_n)$，即 p_k 和 d_k 间有不少于 1 个点。令

$$Z_1=\{r_1,\cdots,r_j\} \text{ 和 } Z_2=\{r_{j+1},\cdots,r_n\}$$

显然，原路径 m 中的所有需求也能通过 $R'_m(p_k-r_1\cdots r_j-d_k-r_{j+1}\cdots r_n)$ 被最短路运输，因为 $l_{r_j,r_{j+1}}=l_{r_j,d_k}+l_{d_k,r_{j+1}}$。因为任意需求 r_s-r_t 均能和需求 k 合并：

如果 $r_s\in Z_1$，$r_t\in Z_2$，那么 r_t 在唯一路径 $p_k-r_t-d_k$ 上；

如果 $r_s\in Z_1$，$r_t\in Z_1$，那么 r_s 和 r_t 均在唯一路径 $p_k-r_s-r_t-d_k$ 上。

综上所述，需求 k 和原路径上的所有需求均能通过 $R'_m(p_k-r_1\cdots r_j-d_k-r_{j+1}\cdots r_n)$ 被最短路运输，因此，新路径 m' 是结构可行的，即需求 k 可以按照路径结构插入路径 m。

情形 3：r_i 和 r_j 均找不到。

新路径 m' 的路径结构可分为三种：

$R'_m(p_k-d_k-r_1\cdots r_n)$，$R'_m(r_1\cdots r_n-p_k-d_k)$ 和 $R'_m(p_k-r_1\cdots r_n-d_k)$。

对于前两种路径结构，$path(r_1\cdots r_n)$ 的结构没有改变，因为需求 k 能和需求 r_s-r_t（$r_s,r_t\in\{r_1,\cdots,r_n\}$）按照路径结构合并，且需求 k 和原路径上的

所有需求均能被新路径经最短路运输，因此，路径 m' 是结构可行的，即需求 k 可以按照路径结构插入路径 m。第 3 种路径结构在情形 1 中已证明。

必要性。

如果任意需求不能和路径 m 中的需求 k 按照路径结构合并，显然该需求不能插入路径 m。

证毕。

2. 本书第 4 章定理 4-2 的证明

证明：如果需求 k 不能和路径 m 中的需求 l 按照时间窗合并，那么由需求 k 和需求 l 组成的路径 R 中必定存在车辆不能从点 i 按时到达点 j 的情况。如在该路径中插入路径 m 的另一个需求，车辆更不可能从点 i 按时到达点 j，即路径 R' 更不可能时间窗可行，这意味着需求 k 无法和路径 m 中的所有需求共同组成时间窗可行路径，即需求 k 不能按照时间窗插入路径 m。

证毕。

3. 本书第 4 章定理 4-3 的证明

证明：如果需求 k 不能和路径 m 中的需求 l 按照装载力合并，也即车辆超载，那么路径是装载力不可行的，即需求 k 不能按照装载力插入路径 m。

证毕。

附录 E 案例数据

1. 案例路网数据（Matlab 格式）

https://www.researchgate.net/publication/340453571_anliluwangshuju matlab

2. 案例优化结果

https://www.researchgate.net/publication/340453502_anliyouhuajieguo